可复制的商业模式

商业模式能复制才有未来

张中华 著

中国商业出版社

图书在版编目（CIP）数据

可复制的商业模式：商业模式能复制才有未来 / 张中华著 . -- 北京：中国商业出版社，2022.1
 ISBN 978-7-5208-2006-6

Ⅰ.①可… Ⅱ.①张… Ⅲ.①企业管理—商业模式—研究 Ⅳ.① F272

中国版本图书馆 CIP 数据核字（2021）第 261979 号

责任编辑：刘毕林 刘万庆

中国商业出版社出版发行
（www.zgsycb.com 100053 北京广安门内报国寺 1 号）
总编室：010-63180647 编辑室：010-83118925
发行部：010-83120835/8286
新华书店经销
香河县宏润印刷有限公司印刷
*
710 毫米 ×1000 毫米 16 开 12.75 印张 185 千字
2022 年 1 月第 1 版 2022 年 1 月第 1 次印刷
定价：58.00 元
****
（如有印装质量问题可更换）

序

一直以来，互联网都被看作是第三次科技革命，商业模式和工作方式因互联网的到来而发生了根本性改变。

一方面，互联网上汇集了海量的商业信息，人们足不出户就可以通过互联网获取全世界知名企业的"商业模式"信息，再加上各路"英雄豪杰"关于不同商业模式的解读、分析，可以说，这是一个普通人距离商业成功最近的时代。互联网让原本的商业成功"秘诀"变得唾手可得，即便是没有创业经验的普通人也可能依靠商业模式迅速获得世俗意义上的巨大成功。

另一方面，互联网思维催生了一大批新的商业模式：从共享单车到共享汽车、共享睡眠仓、共享雨伞，"共享"的商业模式在不同的行业焕发勃勃生机；从盒马鲜生到叮当快药，快速送货上门成为这种商业模式的盈利核心；从美团到拼多多，拼团模式在中华大地上到处开花；从直播营销到直播带货，直播模式正在掀起全民参与的热潮……其中最为人津津乐道的则是用户免费、广告商买单，这种崭新的商业模式彻底打破了传统的商业逻辑。

对于中国商界而言，这是一个超预期的时代，当传统商业模式遇到全球性的数字浪潮，旧模式进入了"大灭绝"时代，新模式却进入了"寒武纪大爆发"。崩溃和重生，是在同一个时空里发生的。在伟大的时代，一定会出现众多的商业机遇，抓住机遇就有可能改写命运。

在全球的商业世界里，中国市场是最大的市场，中国企业具备成为世界级龙头企业的战略机遇。同时，广大的市场也意味着海量的需求，这就为个体创业提供了非常好的社会环境。

我们可以看到，一大批人正在投身商界，他们有热情、有想法，具备良好的心理素质和专业能力，但没有商业模式的创业都难以成功；很多创业者倒在成功前的路上，这与其对商业模式缺乏深刻、系统的认知不无关系。《可复制的商业模式——商业模式能复制才有未来》一书，旨在帮助创业者加深对商业模式的认知，从而进一步找到合适的可复制的成功模式。

开卷有益，很荣幸能为这样一本有实际价值的图书作序。

张迅诚

高鹏会创始人

中国天使投资学院联合创始人

《众筹+：众筹改变世界》作者

前 言

管理学大师彼得·德鲁克曾说过:"当今企业之间的竞争,不是产品之间的竞争,而是商业模式之间的竞争。"商业模式就是研究企业做什么,怎样做,如何盈利的商业生态系统。每一种优秀的商业模式的诞生都经历了无数试错的过程,在这个过程中,企业往往会付出巨大的成本与代价,历经磨难,方能结出硕果。

然而,一旦优秀的商业模式被摸索出来,企业的发展就可能呈现出"开挂"的状态,实现的不是从0到1的变化,而是从1到100的突变。因为在快速扩张过程中,通过兼并与收购,我们只要将成功的商业模式复制到新的企业当中,就可以使企业快速地做大做强,如宝洁、肯德基、星巴克等一些知名企业的发展,都是从星星之火开始,最终呈现出燎原之势。

因此,复制成功的商业模式是企业最大的捷径。比尔·盖茨(Bill Gates)曾经说过,如果让他现在创办一家新公司,新公司可能连微软的万分之一的规模都做不到。但是如果让他管理一家新公司,他肯定能将其做大做强。这是为什么呢?

时势造英雄，微软的成功与当时特定的背景有关，如当时整个软件行业的情况、竞争对手的情况等，诸多因素造就了微软的成功，并非因为比尔·盖茨开发出了DOS系统，就成就了今天的微软。历史不可能重现，因此再造就一家和微软一样成功的企业几乎不可能。

微软经过千锤百炼的管理模式是非常成熟的，将其复制到新公司，都能让新公司焕发出活力。有"打工皇帝"之称的著名职业经理人唐骏，曾先后担任微软全球技术中心总经理、微软中国公司总裁，并获得了微软公司史上唯一的"微软中国终身荣誉总裁"的称号。

唐骏在微软工作多年后，跳槽到盛大，将微软的管理模式复制到盛大，让盛大成功上市。如今唐骏已经离开了盛大，但盛大依然延续着辉煌，这是因为盛大人已经把唐骏的管理模式学会了。这就是可复制的商业模式的神奇之处。

因此，职业经理人、创业者、企业管理者都应该学习可复制的商业模式。《可复制的商业模式——商业模式能复制才有未来》一书共五章，内容包括可复制商业模式的介绍、商业模式的复制条件、基本框架、设计方法，以及商业模式画布，既有理论又有实操。阅读本书，可以让读者对可复制商业模式有一个全面翔实的了解，有助于提高企业管理水平，让企业的发展更上一层楼。

| 目 录 |

上篇　理论篇

第一章　可复制的商业模式才是成功的商业模式 / 2

　　刨根问底：商业模式究竟是什么 / 2

　　关于商业模式的认识误区 / 6

　　什么样的商业模式才是可复制的 / 10

　　可复制的商业模式更有商业价值 / 14

　　可复制的商业模式的四大优点 / 19

第二章　商业模式复制条件 / 24

　　商业模式复制条件之一："底版"一定要好 / 24

　　商业模式复制条件之二：落地生根的"本土化" / 39

　　商业模式复制条件之三：专业化的复制管理团队 / 57

　　商业模式复制条件之四：优秀职业经理人操刀全过程 / 78

第三章 可复制商业模式基本框架 / 94

客户细分：企业所服务的是一个或多个客户分类群 / 94

价值主张：通过组织要素帮助特定细分客户创造价值 / 100

渠道通路：通过沟通、分销和销售渠道向客户传递价值主张 / 104

客户关系：在每一个客户细分市场建立和维系客户关系 / 108

收入来源：收入来源产生于成功提供给客户的价值主张 / 115

核心资源：重要资源和能力的分布及获取和建立 / 119

关键业务：围绕战略定位，建立价值网络 / 124

重要伙伴：创建供应商与合作伙伴的网络 / 128

成本结构：商业模式诸要素引发的成本构成 / 133

下篇 操作篇

第四章 可复制的商业模式设计方法 / 140

客户洞察：注重客户意见，关注细分群体 / 140

原型制作：激发创意设想并标注其优缺点 / 144

故事讲述：通过故事呈现新的商业模式及理念 / 148

情景推测：细化设计环境，描述未来场景 / 153

可视思考：使用视觉化工具来构建和讨论事情 / 157

创意构思：通过使用画布，分析并生成新商业模式的创意 / 161

第五章　商业模式复制工具之商业模式画布 / 167

何为商业模式画布 / 167

商业模式画布的九个组成模块 / 172

商业模式画布的使用顺序 / 177

商业模式画布的思考要点 / 182

商业模式画布的应用案例 / 187

上篇
理论篇

第一章　可复制的商业模式才是成功的商业模式

刨根问底：商业模式究竟是什么

在互联网繁荣发展的今天，"商业模式"一词常常会出现在我们的身边：用计算机或手机打开网络阅览财经类新闻，"商业模式"是各行的商界大佬们十分热衷于谈论的话题；在金融、投资行业，"商业模式"更是挂在人们口头的商业术语；在创业者群体当中，人人都在研究"商业模式"与成功的关系，并找寻其中的商业密码；在MBA等课程的课堂上，有一群人在深入、系统地研究商业领域的典型模式，并试图开创一种全新的商业模式……

尽管我们绝大多数商界人士，对于"商业模式"这一名词都不陌生，但你真的知道商业模式究竟是怎么一回事吗？

我们所赚的钱，其实就是对这个世界认知的变现。一个人对商业模式的认知程度，与其在商业领域取得的成就息息相关。有意识地提升自己对商业模式的认知，是非常必要的，也是非常有价值的。

资料表明,"商业模式"一词最早出现于20世纪50年代。这个概念在诞生之初并没有太大的热度,伴随着互联网对传统商业领域的改造,很多商业术语时过境迁,"商业模式"却历久弥新,并没有被淹没在网络繁杂琐碎的信息之中,自20世纪90年代开始使用和传播时至今日。

今天,距离"商业模式"的诞生已经过去了70多年,且它出现的频率越来越高,但是它的定义始终没有一个权威的说法和解释。

《财富》杂志高级编辑、美国管理界最犀利的评论员杰奥夫·科尔文认为:商业模式就是赚钱的方式。在商业模式研究学者泰莫斯看来,"商业模式指一个完整的产品、服务和信息流体系,包括每一个参与者在其中起到的作用,以及每一个参与者的潜在利益和相应的收益来源与方式"。他把商业模式描述为"在一个公司的消费者、联盟、供应商之间识别产品流、信息流、货币流和参与者主要利益的角色和关系"。

商业的世界如此缤纷、如此多变、如此复杂,每一个身处其中的人,都会陷入"万花筒"般的表象中而难以辨别正确的方向。在这座由金钱、利益、人性、博弈、欲望等交织而成的商业迷宫里,唯有手握地图的人才能不迷路,唯有掌握商业模式的人才能蹚出一条成功路。世界著名管理大师彼得·德鲁克对此早已预言:"当今企业之间的竞争实际上是商业模式与商业模式之间的竞争。"

小区门口的馒头店购买面粉做成馒头,卖一个馒头赚1角钱;房产中介卖出一套房子可以赚取3%的佣金;会理发的李强开了一个小理发店,剪发一次30元;搜索引擎依靠竞价排名赚得盆满钵满;上大学的小丽在××平台上做美妆直播,粉丝几百万人,打赏拿到手软;银行的理财经理在××平台上日常分享理财知识来培养客户；奶茶店通过打造网红产品来增加营业额；美团通过从订单中抽成来赚取利润……这些我们每一个人都非常熟悉的日常场景，实际上都包含着或同或异的商业模式。我们在日常生活中，能够见到形形色色的商业模式，既有诸如京东、拼多多、格力等成功的商业模式，也有像共享单车——小黄车一样不那么成功的商业模式。

要想对商业模式有一个深刻的认知，光靠观察商业领域中的商业模式以及商业行为，是远远不够的。凡事都要透过现象看本质，加深对商业模式的认知也是如此。

不管是什么样的商业模式，拆解开来，都由三大要素组成，分别是客户价值、企业资源和能力，以及盈利方式。在《商业模式创新白皮书》中，哈佛大学教授约翰逊·克里斯坦森和SAP公司的CEO孔翰宁把商业模式的三大要素概括为："客户价值主张，即在一个既定价格上企业向其客户或消费者提供服务或产品时所需要完成的任务；资源和生产过程，即支持客户价值主张和盈利模式的具体经营模式；盈利方式，即企业用以为股东实现经济价值的过程。"

快递公司靠运送快递赚钱，快餐店靠为人提供食物赚钱……只要是能赚钱的地方，就有商业模式的存在。但在众多的商业模式之中，那些成功的商业模式都是怎样的呢？我们怎样才能快速识别出哪些商业模式是可以成功的呢？

从事商业模式研究的学者、提供商业模式相关咨询的公司，经过长期的实践和总结，找到了成功商业模式的典型特征，掌握其特征可以帮助我们快速识别成功的商业模式。

具体来说，成功的商业模式具有以下四个特征。

一是能够实现盈利。一个不能赚取利润、只会亏损的模式显然是不可能获得成功的。互联网模式前期烧钱看似不符合成功商业模式的特征，但实际上烧钱只是手段而非目的，通过烧钱手段占据市场赢得客户后自然可以实现盈利。

二是能够给客户提供价值。商业行为本质上是一种交换，只有为客户提供商品或服务，才能获得客户为此而支付的金钱，不能给客户提供价值的模式，是注定没有任何生命力的。一般来说，给客户提供的价值越独特、越超值，就越容易赢得市场。比如同样的商品，价格上可以比同行便宜10%，这就是独特的价值。

三是能够形成一个系统闭环。通过应聘到某公司上班来赚取工资，虽然也是赚钱但还算不上一个商业模式。一个成功的商业模式必然是一个系统性的闭环，闭环上有严重缺失的，在实际的商业运作中必然会出现大的漏洞，从而导致商业模式上的失败。

四是一定是合法的。一个与法律背道而驰的商业模式必然是失败的商业模式，必然会因为法律的制裁而终止。

有一个好的商业模式，就成功了一半。在商业领域中，很多成功的商业模式往往都出自一个创业者的商业创意，但商业创意不是天马行空，拍脑门就能得来的，而是源于市场机会的丰富和逻辑化。商业模式可以进行变革，也可以进行微设计，在现有成功商业模式的基础上进行变革、微设计、小改动、再优化、重组合等，也可能会诞生出新的成功商业模式。也就是说，成功的商业模式，并非一成不变的，而是会随着社会意识形态、市场环境、行业发展等不断发展变化。

关于商业模式的认识误区

哈佛商学院教授迈克尔·波特曾经说过，"没有不能赚钱的行业，只有赚不到钱的模式"。这句话让很多创业者热血沸腾，认为只要有好的商业模式，成功便唾手可得。商业模式真的有这么神奇吗？

做服装行业的朋友，一定对PPG（批批吉服装网络直销公司）不陌生，它的创业模式曾经让人为之一振，欢呼雀跃，但最终不过是昙花一现、过眼云烟罢了。

成立于2005年的PPG，它开创了国内网上服装直销模式的先河，故得名"服装业的戴尔"。其核心商业模式别出心裁，将电子商务模式与传统零售业两者相融合，无须建厂房，产品由代工生产（Original Equipment, Manufacturer, OEM），也不需要实体店面，销售依靠呼叫中心即可，更不需要招收工人来裁剪加工，生产、质检、物流等所有环节都进行外包，PPG只负责做供应链管理和呼叫中心。

得益于商业模式的创新，PPG在2007年的商界论坛最佳商业模式中国峰会上荣获季军，它的获奖评语是"服务器"服装公司模式。PPG全新打造的"轻公司"形象让同行们望尘莫及，同时也成了风险投资（Venture Capital,VC）的青睐对象，公司成立才两年多，就累计拿到了KPCB国际性风险投资公司、集富亚洲投资有限公司等机构的8000万美元的三轮投资。

集富亚洲投资有限公司的董事黎勇劲在谈到为什么要投资PPG时，提到了三点，"第一，商业模式好；第二，市场足够大；第三，管理团队能力很强"。正是这三点构成了PPG的核心竞争力。

然而，就在人们都以为PPG会成为一颗冉冉升起的明星时，2009年，PPG遭遇了"滑铁卢"，因拖欠部分广告商和供应商的贷款，被告上法庭，陷入债务纠纷，甚至在有些地方将其商标都进行了查封。PPG从辉煌到黯淡变化之大，让人始料未及，是什么让PPG落到了如此地步呢？

众所周知，PPG是B2C电子商务企业，奇怪的是，它主要的营销渠道却来自线下，如报纸、杂志，据统计，依靠平面媒体广告带来的销售额高达95%，广告费用较高，导致资金紧张，被广告商诉讼，使PPG的形象大受影响。

另外，PPG管理体系上的问题也不容小觑，它的生产模式需要创建一个高效率的管理模式，可它的市场营销能力却与此背道而驰。PPG在广告费的投入上占到了销售额的五分之二，这个比例远远超出了正常范围。在市场营销方面，不注重售后服务，对于已经售出产品的信息反馈没有给予高度重视，新产品开发速度缓慢，跟不上市场节奏，产品宣传也缺乏科学性与战略性，这些都注定了PPG的昙花一现。

在商界，还有一个PPG的难兄难弟ITAT。该公司成立于2004年，ITAT的商业模式是将生产厂家与销售柜台对接，将中间流通环节全部省掉，这一创新商业模式，让ITAT成了"服装百货交易所"，使企业大大降低了运营成本，消费者切实享受到了实惠。

ITAT 在不到四年的时间里，近千家店铺遍地开花，创造了全球连锁零售业的开店纪录。在三年时间里，销售额从 500 多万元增长到 42 亿元，摩根士丹利、高盛等机构纷纷向 ITAT 抛出橄榄枝，投资高达 1.2 亿美元。

ITAT 的发展之迅猛，令人咋舌。然而，ITAT 两次准备在香港上市都以失败而告终，第一次被拒是因为香港联交所质疑 ITAT 的经营模式和开店租约等问题，第二次被否是因为销售数据造假。

不可否认，在商业模式上，PPG 和 ITAT 是成功的，但仅靠创新的商业模式不能永久地制造神话，最多只是昙花一现。企业要取得长足发展，还是要有真功夫。小米创始人雷军曾说过这样一句话，"站在风口上，猪都会飞"，可风口不会一直有，风口过了，猪能不能飞，不是还要靠自己的能耐吗？

这就是人们对商业模式认识的最大误区——创新的商业模式就等同于成功，就等于盈利。当然，我们不能否定盈利模式的重要性。马云曾说过，"没有规模性盈利，没有持久性盈利，那不叫商业模式，那叫商业活动"。

不过，盈利只是商业模式的一部分，商业模式是一个完整的系统，该系统包括创造价值、传递价值、获取价值等因素，包括产品与服务、客户、运营，以及财务四个方面。企业要想盈利，最终还是要回到商业本身，即为用户创造相应的价值，不能为用户创造价值，或者企业所得远远大于提供的价值，昙花一现一定是最终的结局。

近年来，那些市值膨胀得很快，盈利却遥遥无期的企业多了不少，比如美图公司。美图公司诞生于2008年，是一个以人工智能为驱动的影像处理及社交平台，其产品围绕"美"而创造，主要包括美拍、美图秀秀、美图宜肤、美颜相机等。

自从2013年7月开始，美图对外融资金额高达31亿元之多，投资者不乏一些商家的大腕明星，有华夏基金、IDG资本、老虎基金等。美图的董事名单里的人物更是尽人皆知，如创新工场董事长李开复、富豪酒店控股集团董事长罗实文、58赶集集团CFO（财务总监）周浩等，都赫然在列。

2016年底，美图在港交所成功上市，却不被业界人士看好，被称为"流血"上市，这是因为美图是以数十亿的亏损代价换来了数百亿市值。可实际上，从2013年到2019年的六年时间里，美图公司的亏损额度突破了120亿元。疯狂烧钱之后，又是一地鸡毛，这与美图的战略意图不清晰有一定的关系。

美图自称是移动互联网公司，可它的营收却与互联网没有太大的关系。2013年，专为自拍设计的美图手机上市，之后在五年时间里先后推出十多款，销售了300多万部。从2013年到2017年，手机在美图总收益的占比分别为59.7%、87.8%、89.9%、93.4%、83%。

自2018年开始，美图手机业务陷入低迷，当年相关收入同比下降23.4%至14.8亿元，出货量同比下降37.04%。2019年，美图将其手机产品权卖给小米，正式关闭手机业务。2019年年末，美图旗下的美图美妆平台停止运营，平台商铺、店铺、交易功能全部关闭。

2019年财报发布后，美图将"变美"和"社交"作为两条发展主线，到了 2019 年下半年，美图进一步收拢发展方向，将医美作为主要发展方向，但收效甚微。

在社交方面，美图很难在流量王腾讯、新浪等公司中分得一杯羹；想玩转直播带货，更是难上加难，想和淘宝直播、快手等主流直播电商平台竞争，岂不是蚍蜉撼大树，自不量力？

事实证明，盲目乐观，将成功仅归结于商业模式，渴望一夜暴富，却不肯打牢基本功，不重视细节管理，轻视产品质量，不将满足客户价值放在第一位，仅靠几轮融资，疯狂烧钱，就能独占鳌头，这只不过是一场黄粱梦罢了。

什么样的商业模式才是可复制的

复制商业模式是现代经常使用的一种商业手法，是暴利的来源。在迅猛扩张的浪潮中，通过兼并和收购，将成功的商业模式复制到新的企业，已经成为很多企业做大做强的重要策略之一。

连锁店就是一种商业模式的复制。比如连锁酒店、连锁超市、连锁小吃店等，全球大型跨国连锁餐厅麦当劳，就是典型的代表之一。麦当劳是一家拥有数十亿美元资产的国际性公司，是全世界规模最大、最知名的快餐集团之一。1955 年，雷·克洛克开设了第一家麦当劳公司，如今麦当劳公司已经遍布全球 120 多个国家和地区，开设的餐厅数量超过三万家，并且发展态势依然迅猛。

麦当劳2020年全年销售额为56亿美元,净利润为7.47亿美元。2020年,麦当劳在"2020年BrandZ最具价值全球品牌100强"中排名第九,在福布斯2020全球品牌价值100强中位列第十。麦当劳已经走过了半个多世纪,但它的辉煌依然在延续。

当我们走进连锁店时,我们会看到连锁店的门头、里面的陈设、供应的商品、员工的制服、上班时间,以及各种管理制度都一模一样,但商业模式的复制绝不是"CTRL+C"(复制)和"CTRL+V"(粘贴)这么简单。复制商业模式我们可以从以下两个方面来思考。

第一,复制成功企业的商业模式的可行性。

严格地说,"复制成功企业的商业模式"的表述并不准确,应该称为借鉴。世界上没有完全相同的两片树叶,任何一个企业也不可能完全被复制,因为环境发生了变化,决策者不一样,所领导的团队也是不同的。一个企业的成功往往是天时地利人和的结果,空间环境发生了变化,很难再加以复制,这与时势造英雄的道理是一样的。

不过,成功企业的商业模式一定会有值得学习和借鉴的东西,站在巨人的肩膀上,总会让我们少走一些弯路。淘宝与京东都是大家熟知的网上购物平台,前者成立于2003年5月,后者成立于2007年6月,两者相差了四年之久。当初淘宝成功后,有多少人觉得刘强东能赶上马云,谁不觉得他不过是螳臂当车呢?

俗话说,外行看热闹,内行看门道。我们看到的只是淘宝和京东都是网上购物平台,实际上两者在商业模式上是有很多不同之处的。以网购模式为例,淘宝以C2C、平台式B2C(淘宝商城,细分消费群)为主,京东则是以自主销售为主的 B2C。

中国品牌战略专家任超一老师在分析商业模式时指出："任何企业都有其独特的核心基因，这与创始人的愿景和价值观有关，这些价值观就是企业文化。模仿一个企业的产品容易，模仿一个企业的战略比较难，模仿一个企业的组织能力则是非常难。组织能力往往是经过多年的磨合，内生出来的，如默契的创业搭档，一个眼神就能心领神会。所以，商业模式可复制是一个伪命题。"

因此，别人的商业模式不管多么成功，我们在借鉴之后，都要有自己的理解与变形。所谓的变形就是做出与他人不一样的地方，哪怕是一点差异，或许都是促使我们成功的关键一步。就像 5173 和交易猫，当初 5173 横行的时候，有谁敢去和它分一杯羹呢？但交易猫做到了，一个做 PC 端，一个做手机端，只是端口的改变，就扭转了整个商业局势。

第二，在单店基础上进行复制。

单店的生意好，有人就会思考这样一个问题：是不是能够把单店的成功模式复制到更多的店，就可以盈利更多呢？创业是非常艰难的，把一个单店做成功已经很不容易了，但并不意味着把单店做成功了，复制到更多的店就很容易。

要复制更多的店，最重要的一点是确定你要复制的是什么，是否具有可复制性。比如，你经营一家西餐厅，你想开更多的连锁西餐厅，那么，你的拓客方式可以复制吗？单店拓客是因为你处于大使馆区，有人群优势，你是否还能找到这样的地理位置呢？

再比如，你是一个律师，你经营的律师事务所在当地非常有名，客源非常多，那么，如果你再开一家事务所，你是否有更多的时间为他人服务呢？能保证在不同区域，提供相同质量的服务吗？你的职业决定了边际交付时间是非常高的。

怎样找到自己可复制的能力，并将其量化，是决定你能否成功复制的关键。跨国连锁餐厅肯德基有一套非常标准的操作流程，以香辣鸡腿堡为例（见表1-1），它在生产加工的过程中有一套严格的体系，收货和储存、配料的配置和储存、保存——腌制后、烹炸腿肉、保存——烹炸后，每一个流程都会被严格地定义，烹炸的温度是多少，烹炸时间是多少，储存的时间是多少等。

表1-1 烹炸腿肉的流程

炸锅型号（电气）	烹炸温度	烹炸时间	设置方式/灵敏度	炸篮	烹炸数量
4头 Collectramatic PF46（开口烹炸）	340°F	7′00″	FL	贝壳形炸篮/圆形炸篮	1—20片
6头 Collectramatic PF56（开口烹炸）	340°F 340°F	7′00″ 7′30″	FL	贝壳形炸篮/圆形炸篮	1—5片 6—30片
4头 Henny Penny 500（开口烹炸）	340°F	7′00″	FL	Henny Penny 4头炸篮	1—18片
8头 Henny Penny 582（不设定压力）	330°F	7′30″	FL	Henny Penny 8头架子	9—36片
Pitco开口炸锅	340°F	7′00″	FL	Pitco腿肉炸篮 超大炸篮	1—12片/篮 1—18片/篮

通常来说，服务行业所需要的边际交付时间是非常高的，但著名的咨询公司埃森哲和麦肯锡将他们的服务遍布全球，也是因为他们有一套可执行的复制模式——案例库。他们会把成功的案例放到案例库里，将

来再有类似情况发生，就可以把这些已经实践过的有效方法拿来直接使用。

另外，在培训人才方面，他们也有一套快速成长模式。首先，他们会在大学的商管系中招聘对商业管理有一定了解、有学习能力的年轻人，然后将他们在实践中总结出来的方法教给这些年轻人。比如麦肯锡咨询顾问芭芭拉·明托提出的分类思考工具MECE原则、对商业机遇的分析方法"七步分析法"等，让这些年轻人在短时间内快速成长起来，成为企业的骨干力量。

商业模式复制成功，可以让企业做大做强，但这并非易事，需要学习和借鉴他人的成功经验，并内化成符合自己企业的商业模式，并将其变成可复制的、可量化的能力，这是商业模式复制成功的关键所在。

可复制的商业模式更有商业价值

在知乎平台，看到这样一个提问：为什么VC对可复制的商业模式情有独钟？这是因为可复制的商业模式更具商业价值，其价值主要体现在两个方面：一是成功的商业模式可以快速复制，让企业在短时间内实现高速增长；二是打造竞争壁垒，使竞争者望尘莫及，无法超越。

实现企业的高速增长

不少商业巨头最初都是从小规模经营开始，在摸索出成功的商业模式后，加以复制，实现快速增长。美国沃尔格林医药公司就是一个成功的案例。

1901年，沃尔格林医药公司诞生时，只是一个家庭作坊式的小店，如今已经走过了一个世纪，成为世界上最大的食品与药品零售企业之一。经营企业有亏有赚是常事，但沃尔格林医药创造了年年盈利的奇迹，连通用电气、可口可乐、英特尔等一些世界著名企业都甘拜下风，是《财富》杂志"最佳业绩与最受推崇的企业"排行榜中的常客。

从默默无闻的家庭作坊式的小店到打败世界著名企业，成为行业不折不扣的老大，它成功的秘诀是什么呢？那就是方便。

首先，沃尔格林公司选择店址的标准是方便。它们会把店址尽量选择在方便顾客多个方面进出的拐角，哪怕他们的药店正在盈利，其利润丰厚，只要找到比现在盈利这家药店更好的位置，他们都会毫不犹豫地关掉它，重新在更方便的拐角建立一家新药店，可以说，沃尔格林公司把追求方便做到了极致。

其次，顾客能够开车进店买药。这听起来是不是有些天方夜谭？但沃尔格林公司做到了，这给顾客提供了极大的方便。他们会建立众多药店，将这些药店聚集在一起，在一些商业区，你走不了几步路，就可以看到七八家沃尔格林药店。

最后，便捷的服务无处不在。沃尔格林的旗舰店如同一个小型超市，商品应有尽有，在一楼有高档咖啡吧，顾客在这里可以品尝到咖啡、奶昔、果汁，可以吃到生鱼片、寿司等各种餐食，甚至连打印服务都能得到满足。

旗舰店的中心是一个药房，在这里，顾客可以随时得到药剂师的专业指导，疫苗接种、体检、取处方药、管理慢性病等服务都能得到满足。

除此之外，沃尔格林公司还提供线上服务，其线上电商网站walgreens.com 和 drugstore.com 每月的访客近 7000 万人次。

可复制的商业模式就如同种树，首先要选择一颗健康的树种，然后让种子结出更多优良的种子，从而实现从一棵树到一片森林的转变。

构筑竞争壁垒

竞争壁垒是指企业在市场竞争中，基于自身的资源与市场环境约束，构建有效的针对竞争对手的"竞争门槛"，以达到维护自身在市场中的优势地位的市场竞争活动。它包括行业标准、领导地位、品牌、专利，以及先行者的优势等，增强企业的免疫力，保持企业免受竞争者的侵害。

火锅是一种标准化程度非常高的餐饮形式，我们在吃火锅的过程中，会感觉每家火锅店的口感都差不多，不会有明显的差别。但是海底捞能从这种标准化程度极高的餐饮形式中突围出来，一定有它的独门绝活。

众所周知，海底捞以优质服务著称。对于餐饮行业来说，服务是门面，哪家餐厅都会狠抓服务，但是唯有海底捞将服务作成了战略，并不断地围绕服务去开展经营活动，这是同行无法复制海底捞模式的重要原因之一。在构筑竞争壁垒方面，海底捞有以下成功的方法。

第一，以"变态"服务为突破口

第一家海底捞成立于 1996 年的四川简阳，最初只有 4 张桌子，在 2003 年进入郑州之前，海底捞一直是个默默无闻的火锅店，但是在这一年，海底捞逐步推出了"变态"服务：服务员随叫随到，不管任何时候服务员都保持着微笑，对顾客毕恭毕敬，还会给顾客擦皮鞋、送小吃，豆浆不限量免费畅饮。

在产品和口味同质化的火锅市场，海底捞的"变态"服务让顾客享受到了从未有过的新鲜感，得到客户的正面反馈后，海底捞不断地精进，优化服务质量，逐渐形成最具特色的"变态"服务火锅店。

曾在网上看到一些网友分享他们去海底捞的奇妙之旅：有人在海底捞门口排队等待就餐时，看到马路上有人吵架，服务员见顾客看得很认真，不仅给他们端来小零食，还派人去打听打架的原因，晚些时候会告诉顾客打架的原因。

还有一个年轻人说她过了那么多生日，最有意思、最令人难忘的还是在海底捞过的生日。那天服务员看到她和朋友们拿着蛋糕走进来，就开始策划他们的"节目"，在她和朋友快吃饱时，服务员带着明星道具，突然出现在她的面前，站成一排齐唱生日歌，令她非常感动。

海底捞的"变态"服务带给人们的不仅仅是满足口腹之欲，在享受美食的同时，收获到的意外惊喜，才更令人向往吧！

第二，建立强大的品牌认知

海底捞以超乎人们想象的变态服务赢得了大众的眼球，引爆了口碑，吸引了众多行业对此进行研究和解读。

2006年6月，著名餐饮集团美国百胜餐饮上半年度"（中国）区域经理大会"有200多人齐聚在海底捞北京牡丹园店，学习海底捞管理模式。

海底捞的管理模式不仅震惊了餐饮业，连北大教授都对此做了深入研究，甚至派人潜伏到了海底捞，做海底捞的服务员，去海底捞取真经。

重庆市火锅协会会长、小天鹅集团总裁何永智也发出号召："我们要学习海底捞的创新措施，提升重庆火锅产业的消费附加值和重庆火锅的整体档次。"

2006年，在浙江卫视新开播的创业节目《我是创始人》上，格力电器股份有限公司董事长董明珠身着海底捞的制服，化着精致的妆容，跟着一群小鲜肉在海底捞当起了服务员。有媒体透露，海底捞花了1000万请董明珠作这个广告植入。

此外，《海底捞，你学不会》《人类都阻止不了海底捞了》等系列软文，也加大了品牌的曝光度，为品牌树立了良好的形象。

第三，跑马圈地拼规模

连锁餐饮行业，若不能实现成功复制，迅速开店，发展就会遭遇瓶颈。同时，若连锁店太多，管理难度及成本又会呈现几何倍数增长。如何才能破解这个困局呢？

除了给员工提供高于同行的薪酬外，海底捞还拥有一套完整的管理和人才激励机制，其中师徒制最值得称道。店主既可以获得本店的业绩提成，又可以获得其徒弟、徒孙管理的门店的业绩提成，而且后者提成比例更高。在这项制度的激励下，店主的积极性被激发出来，不仅会努力管好自己的门店，还会多培养合格的徒弟店长，让他们去开新的门店，从而实现裂变式增长。

看完海底捞这波操作，你是不是也会有一种"人类已经无法阻止海底捞了"的感慨呢？

可复制的商业模式的四大优点

疯狂英语创始人李阳曾经说过,"重复就是力量,重复创造奇迹"。经营企业也是一样的道理,海底捞、沃尔格林医药公司、肯德基等企业,都具有可复制的商业模式,从而建立起庞大的商业帝国。可复制的商业模式是任何一个创业者都该思考的问题,它是帮助我们突出重围,占领市场,获得几何级数增长的关键一环。其优点主要表现在四个方面。

优点一:实现在短时间内的迅速裂变。

麦当劳是全球最成功的快餐集团之一,它的创始人是美国企业家雷·克拉克。可你知道吗?他并不会做汉堡,麦当劳的发明者根本不是他,而是一对兄弟理查德和莫里斯(暂且称为"麦当劳兄弟")。有一次,雷·克拉克去麦当劳吃饭,他发现这家店与众不同,去其他店吃饭的时候,要等很久,但这家店只需要几分钟就能把汉堡做好,并且价格非常便宜。

原来麦当劳兄弟为了能快速地把汉堡做出来,并卖得更便宜,他们把汉堡的流程标准化,只在柜台上销售,并且没有服务员。雷·克拉克对麦当劳兄弟的做法很感兴趣,就在想如果复制出更多的麦当劳店面,是不是就可以获得丰厚的利润呢?

雷·克拉克向麦当劳兄弟提出一个让他们无法拒绝的合作条件,由雷·克拉克投资成立连锁公司，并分给麦当劳兄弟一定份额的股份，但这只是麦当劳兄弟的收入之一，如果有人加盟，一部分加盟费也归麦当劳兄弟。为了更好地管理公司，雷·克拉克邀请麦当劳兄弟作公司总顾问，按月发放咨询费。

雷·克拉克开出的条件早已经超过了麦当劳兄弟开店的收入，他们没有拒绝的理由，很快就同意了这个合作方案。从此麦当劳就如细胞分裂一样，开始了迅速裂变的过程，如今麦当劳在全球已经超过了3.5万家。

优点二：清晰不容商榷的原则，让执行更到位。

拥有可复制性模式的公司会将其战略转化为简单的价值观表述，使组织里的人都能理解并认同，且在执行时严格遵守，宜家就是一个例证。

宜家的创始人英格瓦·坎普拉德很早就确立了一个公司的原则——通过细微的方式达到理想的效果，昂贵的解决方案往往是平庸的标志。这个战略原则要求组织在每一个设计细节都要控制成本。宜家创始人英格瓦和他早期的伙伴认识到，如果把家具的部件装在一个盒子里，让顾客自己组装，不仅能节约人工费，还节省了运费和仓储费。

所以，在产品的设计上，他们会尽最大可能地考虑节省运输成本。公司奉行的一个原则是"运送空气是昂贵的"，会煞费苦心地研究如何包装成体积最小的箱盒。这无关产品的大小，哪怕是小小的咖啡杯，也会精打细算。如果你细心的话，一定会发现宜家的咖啡杯通常是宽口下缩，这就是为了方便摞起来，节约空间。

在过去的40多年中，宜家的价格整体上呈现微降的趋势，主要得益于他们对成本的把控。就一件产品而言，节约的成本是非常小的，但是规模生产的话，节约的成本就是巨大的。像宜家这样，它与同行比起来，最大的竞争优势就是可以最大限度地削减成本。削减成本其实就是在提升利润，如果成本逐年下降，其利润是非常可观的，这就是宜家制胜的法宝。

优点三：管理规范化、流程化、工具化。

可复制的商业模式在管理上更规范化、流程化、工具化，这对于竞争对手来说，是一个非常大的优势。因为竞争对手没有成熟的、可复制的商业模式，一切都需要重新探索，尤其是在开展新业务时，风险性和不确定性无法预知，此时管理层会花更多的精力在开展新业务上，对员工管理会相对松懈一些。但在可复制的商业模式中，就能够避免这一问题。

比如，宝洁(P&G)、可口可乐等大企业，他们在工作中总结出经验和方法，以培训新员工为例，他们会采取工具化模式，将工作分解成若干步骤，新员工只需要按照步骤按部就班即可。宝洁内部提升制度就呈现模式化和工具化的特点。

宝洁公司的人力资源内部提拔共包括四个步骤：第一步，人才供给系统（招聘）；第二步，表现（绩效管理）；第三步，人才的培养以及职业发展系统；第四步，奖励与认可。

在宝洁公司，内部提升制度会严格执行，比如，A的目标是成为一名人力资源经理，他职业的成长路线图是这样的。

第一步，A的第一个职务是人力资源专职管理培训生，第二个职务是助理经理，负责培训、招聘等工作。

第二步，A的职务是人力资源某一专业领域的经理，工作内容是负责政策制度的实施、招聘等工作。

第三步，A 的职务是分公司的人力资源部经理，全面负责管理工作，或负责人力资源某个专业领域发展与完善的工作。

第四步，A 将成为人力资源部经理。

在宝洁公司，几乎所有的高级经理（律师、医生等职务除外）都是从新人开始，一步一个脚印成长起来的。不管你是在市场部、财务部，还是在研究开发部等，都要经过这四个步骤。

优点四：更快、更科学地作出决策。

商场如战场，每天都在发生着变革，比竞争对手更早地作出预判，采取有效行动，势必让企业抢占先机。成熟的公司不仅能够尽早地识别即将出现的变革，管理的规范化、流程化、工具化，也能确保将战略执行到位。

从 20 年前，可口可乐公司在销售饮料时，业务员兼任司机会拉上一车货物到市场上去进行现场销售，我们称为车销，这样做的成本太高，效率太低。从 2000 年开始，可口可乐在中国采取"区域精耕"的渠道销售。区域精耕就是把一个地区划成很多的小块，就像网格一样，一小块配置一个配送商，负责该区域的货物配送，如果在同一个区域的配送商越来越多，就意味着配送商的配送范围会越来越小，大大提升了客户的服务质量。同时也提高了效率，降低了销售成本，销售量直线上升。

"区域精耕"在最初实施四年时间里，确实起到了很好的效果，但后来随着沃尔玛、家乐福、万佳、新一佳等大型超市的纷纷进入，以及连锁便利店的大量涌现，"区域精耕"不再占有优势，此时可口可乐公司又及时制定了新的策略——渠道精耕，细分市场，细分业务，细分部门，抓住市场先机，取得了可喜的销售业绩。

在商业信息瞬息万变的今天，企业要善于捕捉市场微弱的变化，做出快速精准的应对措施，并尽可能地节约商业运作成本，实现高效的商业运营管理。可复制的商业模式已经成为企业商业运营成功的关键要素，保持可复制是一项非常强大并可持续的优势。

第二章　商业模式复制条件

商业模式复制条件之一："底版"一定要好

复制商业模式,"底版"的质量直接决定了复制的效果

在没有数码相机之前,人们使用傻瓜相机照相时,都愿意购买柯达胶卷,因为底片好,照出来的照片好看。如果底片不好,一个人的照相技术再好,也难照出满意的照片。复制商业模式也是一样的道理,并非所有的复制结果都是"1+1=2",如果你的"底版"不好,有可能"1+1=0",甚至小于0。比如,近一年来,不断被"爆雷"的优胜教育,就是一个引以为戒的例子。

1999年,优胜教育正式成立。2006年,教育研究院诞生。优胜教育的教学教研团队非常厉害,是由一线教师和教育专家组建而成的。有了这个信任背书,它立刻赢得了家长们的青睐,让优胜教育实现了迅速扩张,在全国400多个城市建有上千家校区。如今,优胜教育的融资上市计划失败后，加盟校的经营状况也堪忧，屡屡出现问题，总体资金链断裂，面临崩塌。

优胜教育的陨落，早在2019年下半年就已经初现端倪，在全国各地的校区纷纷爆出培训费难退、违规办学、员工工资拖欠等问题。2020年，受新冠肺炎疫情的影响，让以线下培训为主的优胜教育更是雪上加霜。

虽然优胜教育的惨淡结局与外部环境因素密切相关，但它的"底版"质量堪忧是不争的事实。在2021年"3·15"晚会上，优胜教育因无证办学上了"黑榜"，而这是优胜教育第七次因为劣迹被曝光。随后在4月7日，北京海淀市场监管微信号发布《关于谨慎选择教育培训机构的消费警示》，这一次又是因为无证办学，品牌颜面尽失。

相比之下，永辉超市则是一个复制高手。2021年4月22日，永辉超市上海正大乐城店开业，截至当日，永辉在上海已经开了35家店，在全国的开业门店数量达到了1020家，业务范围多达29个省份。在2021年，永辉还将继续加码一线城市的布局，在深圳、北京等地继续开设新门店。

近年来，永辉超市全国扩张提速，要破解永辉辉煌的秘诀，就要从生鲜直采模式谈起。众所周知，消费者在购买生鲜产品时，最在意的就是新鲜度，为了保证生鲜产品的新鲜度，永辉超市采用源头采购模式，包括直采、统采、当地农贸市场采购、海外直采、供应商采购，共五种采购模式，这种直采体系与传统采购模式相比，最大的优势是减少了冗长的流通环节，确保了生鲜产品第一时间来到消费者的手中，最大限度地保证了产品的新鲜度。

永辉超市的采购流程非常严谨，共包含四个步骤。

第一步，接洽供应商。

生鲜产品的品种和价格变化较大，永辉超市采取的应对措施是，根据商品的类别对供应商进行分类，不同的采购人员负责接待和管理不同类别的供应商，做到术业有专攻，使洽谈效率大幅度提高。

另外，永辉超市对供应商要求非常严苛，除了要提供生产许可证、产品有关证明文件外，还要求对方提供实物样品，方便采购人员检查和判断。

第二步，采价。

永辉超市在收到供应商产品报价后，会进行市场调研，先到市场上去了解同类产品的价格，然后与供应商们的报价进行比较，比较之后，最后再决定是否采购。

第三步，议定价格。

采价之后，永辉超市的采购人员要和供应商当面敲定商品的价格。在此之前，采购人员已经对市场进行了深入的调研，做好了充分的准备，他们会先确定一个可接受的最高价格，如果供应商要求的价格高于他们确定的最高价格，他们会毫不犹豫地放弃，重新寻找供应商。

第四步，将商品导入市场。

永辉超市的采购人员与供应商达成合作协议之后，随即向公司进行报批，通过后需要立马将商品导入市场，包括为商品确定代码、建档、首次进货三个环节。

采购是永辉超市的重要部门，它直接关系着公司能否在最短的时间内采购到新鲜的商品，能否在第一时间让消费者吃到最新鲜的产品。因此，永辉超市设立了供应链部门采购团队，该团队人员多达千人，采购人员会与农户或农村合作社直接对接，从而准确地了解产品的质量、价格等信息。多年积累的工作经验，使得采购团队对全国各地的特产都做到了了然于胸，不仅如此，他们还会根据季节变化和消费者的喜好，匹配与之对应的产品。

在生鲜直采模式中尝到甜头后，永辉超市加大力度和速度把生鲜食品自营直采的方式复制到其他品类商品上去，让消费者实现在超市就可以购买到高端却不昂贵的商品。比如，飞天茅台一瓶要卖到2000多元，如果永辉超市从茅台酒厂直采，就可以免去被中间代理商层层搜刮的可能，消费者到永辉超市购买一瓶飞天茅台，可能用不了1000元，让消费者享受到真正的实惠。

除此之外，永辉超市利用自己渠道号召力的优势，以厂商代工的方式研发属于自己的品牌。比如，永辉超市与贵州茅台、深圳市国茂源商贸有限公司共同出资组建友谊使者商贸有限公司，销售贵州茅台酒、茅台系列酒以及"三家坊"系列酒。

永辉超市正在以不走寻常路的方式在新一轮扩张中步步为营，而这都归结于它的"底版"足够硬实。复制商业模式，有时就如同盖高楼，地基有一点瑕疵，在盖两三层时，并不会出现问题，但随着高度的增加，弊端就会逐渐暴露出来。千里之堤，溃于蚁穴，优胜教育的惨痛教训，值得铭记。

优秀的商业模式必须是曾经成功过的

任何一种成功的商业模式在形成的过程中，必然会付出巨大的成本，千锤百炼才能有今天的硕果。作为创业者，我们可以在实践中摸索出一套适合自己的商业模式，但这要付出的代价和艰辛，有可能是我们无法想象的，也有可能无法承受，若能如所愿，当然最好。若不能，我们要学会善假于物，学习借鉴他人的成功经验，为我所用，也是一种成功。

任何一种崭新的经营模式的诞生，都是企业发展受阻后求变的结果，阿米巴经营模式亦如此。1959 年，稻盛和夫辞职后，与 7 名同事共同创建了京都陶瓷公司，即今日的京瓷。公司在创建之初，员工人数很少，只有 28 名。稻盛和夫每天埋头苦干，从新产品研发到生产、销售，每一个环节都由他一个人负责。经过几年的发展，企业的规模逐渐壮大，员工发展到 200 多人时，稻盛和夫明显感觉到了力不从心，身心俱疲。

稻盛和夫陷入了苦恼之中，冥思苦想该如何解决这个问题，他想到了《西游记》里面的孙悟空，幻想着能像孙悟空一样变出许多和他能力相同的人，这就是"阿米巴经营"的起源，然而要变出很多"孙悟空"就要解决两个问题：一是人才从哪里来，二是如何让"孙悟空"像他一样埋头苦干。这为阿米巴经营管理模式的诞生提供了一个思路。

京瓷公司成立的第二年，为了发展需要，公司招聘了十多名新员工，这些新员工经过公司一年多的培养，已经能够胜任工作了。就在这时，这些员工突然向稻盛和夫递上血书，要求改善待遇，态度很强硬，每年最低的加薪数额、奖金多少都有明确的要求。

如果得不到满意的答复，这些员工就要集体辞职。很显然，稻盛和夫是不能答应这些要求的。稻盛和夫和他们持续交谈了三天三夜，才最终留下了这些员工，这件事也促使稻盛和夫不得不考虑员工的需求。

通过以上两件事，我们不难看出，京瓷要获得持续的发展，稻盛和夫要解决两方面的问题：一是如何提高公司的效率问题，不能再继续依靠稻盛和夫一个人拼命工作，这是无法让企业获得长足发展的；二是如何让员工获得物质与精神方面的幸福感，发挥每一名员工的潜力，因为企业的发展归根结底要依靠员工的努力与拼搏。

于是，稻盛和夫想出了一个拆分的方法，将企业化整为零，划分成很多不同的小组织，每一个小组织都称为阿米巴，每一个阿米巴就相当于一个小企业，自负盈亏，唯一不同的是，阿米巴开展经营活动需要经过上级部门的同意，但像劳务管理、经营计划安排等事宜，阿米巴都可以自行决定。

1963年，稻盛和夫又推出了一项新方案——单位时间核算制度，该制度以"销售最大化，费用最小化"这一原则为基础，一切经营活动可以通过"附加价值"来衡量，即从销售总额中减去生产成本的费用、机械设备的折旧费用、劳务费等得到的数值，再除以总的劳动时间，就得出了每小时的附加价值。

经过逐步演变，1965年，阿米巴经营管理模式正式形成并导入公司开始运行。其中，作为衡量经营状况的重要指标的"单位时间核算制度"，也被纳入阿米巴经营体系。

稻盛和夫创建了两家世界500强企业，除了京瓷之外，还有第二电电（KDDI），这两家企业都采用的是阿米巴经营模式。阿米巴经营模式铸就了这两家企业的辉煌，尤其是京瓷公司，从创办至今已经有50多年了，却从来没有亏损过，堪称奇迹，而且越是经济危机，京瓷越逆流而上。

不过最令人不可思议的是，背负2.3万亿日元的巨额债务的日本航空公司，在运用了阿米巴经营模式后，仅仅用了两年时间，不仅让日航起死回生，而且让它成为全球航空业的利润冠军，利润超过2000亿日元。

日本航空公司成立于1951年8月，经过数十年的发展，成为亚洲规模最大、全球规模第三的航空公司，是世界五百强企业之一。然而就是这么一家实力雄厚的公司，在2010年却遭遇了滑铁卢，债务高达2.3万亿日元，被迫宣告破产。

2010年2月，稻盛和夫临危受命，着手拯救日航。仅两年，日航就重新焕发了勃勃生机，成了全球航空业的利润冠军，盈利数额超过2000亿日元，2012年9月，日航重新上市，在如此短的时间里，稻盛和夫将一个破产企业逆转成全球航空业的利润冠军，这样的成功令人震惊，也让人不解。稻盛和夫的秘诀就是阿米巴经营管理模式。

海尔集团首席执行官张瑞敏非常推崇稻盛和夫的阿米巴经营管理模式，他在阿米巴经营管理模式的基础上，创办了"自主经营体"。什么是自主经营体呢？张瑞敏作了一个形象的比喻，"海尔原来是艘航母，现在需要把它拆掉，变成一艘艘军舰，然后再把这些军舰组成一个联合舰队，海尔的小微公司好比联合舰队的军舰"。

每一个自主经营体就如同阿米巴组织，海尔集团对自主经营体的要求主要有三个方面。

第一，留足企业利润，指的是每个自主经营体必须达到行业平均利润线和行业标杆利润线，以确保企业可持续发展，能够在市场中拥有一定的竞争力。

第二，挣足市场费用，指的是每个自主经营体都要确保自己有足够的经费来开拓市场，这才能说是市场经营与市场服务管理。

第三，盈亏都归自己，指自主经营体所得的超额利润可以与公司分成。这是一种全新的激励机制，让员工独立经营，去承担风险，增强他们的经营意识，培养他们的责任心，当然，也有利于他们增强风险意识。

海尔集团采用的"人单合一自主经营体模式"，是管理方式的创新，是对企业管理的一种颠覆，这样做的好处在于可以让员工直接面对市场，极大地调动他们的工作积极性。

运用阿米巴经营模式，京瓷公司创造了50多年不亏损的奇迹。实践证明，阿米巴经营模式是禁得住考验的优秀的商业模式。日航的起死回生，是复制阿米巴经营模式创造的奇迹，海尔集团在阿米巴经营管理模式的基础上，创办"自主经营体"，是阿米巴经营模式的改良和变革。

优秀的商业模式必须是有生命力的

优秀的商业模式必须是有生命力的，才能让企业长青，获得持续发展的能力。戴尔是全球知名品牌，为企业提供IT整体解决方案及服务，业务范围遍布全球180多个国家和地区，日均销售额超过12万台。

1984年，19岁的迈克尔·戴尔开始创业，创立戴尔计算机，注册资金只有1000美元。他在大学销售个人电脑，大家都觉得他不务正业，认为他不可能成功。时间来到了2001年，戴尔的销售额超过了300亿美元，在全球拥有3.6万名员工，并在2002年《财富》杂志的世界500强中位列第131。

迈克尔·戴尔曾经说过，"互联网是直销的终极模式"。戴尔公司的傲娇战绩就取决于它优秀的商业模式——直销模式。戴尔的直销模式分为三个阶段。

第一个阶段：订货阶段。

顾客拨打戴尔提供的免费电话，联系销售人员，就可以获得有关产品与服务的相关信息，当然，顾客也可以按照自己的需要向戴尔提出定制要求。

如果顾客觉得打电话麻烦，可以在戴尔网站上进行网购，戴尔在接到订单后，会很快对订单进行确认，顾客想了解订单情况，只要在网上查询即可。

第二阶段：生产阶段。

得到确认的客户订单，首先会被传送到生产部门，所需要的零部件清单就会自动产生，很快零部件就会备齐，送至装配线，由组装人员完成装机工作。组装完成的计算机还要接受软件测试，最后将计算机送至包装车间，包装车间将计算机打包后，运送到客户手里。

第三阶段：发运阶段。

在发运阶段，戴尔会通过第三方物流，将产品运送到客户手中，产品发出后，客户就会收到由戴尔网上系统发来的电子邮件，通知客户作好收货准备。通常顾客在下单后3—5天，就可以收到货物，其速度远远高于同行。

戴尔的直销模式省去了中间商环节，节省了成本，让客户享受到最大的实惠。另外，直销模式使戴尔直接与客户对接，按照客户的要求进行生产，不会出现产品卖不出去的情况，减少了库存压力，成本进一步降低，使得戴尔可以用更低的价格与同行竞争，优势明显。

当然，商业模式是否具有生命力，我们不能通过短期的表现来作出判断，因为环境是不断变化发展的，若商业模式能主动随着环境的变化进行改革，让企业获得持续性的发展，才是真正具有生命力的商业模式。哈佛大学商学院教授唐纳德·苏经过十多年的研究，提出了成功企业应具有"积极的惯性"的观点。

企业在发展初期，通过大胆试错，摸索出一套方法，取得了成功，成功会让企业的经营者相信自己找对了方法，于是企业加大投入，成功的商业模式日趋完善，有了强劲的生命力。但是，任何一种商业模式都不可能一劳永逸，只有对商业模式不断地创新与改良，企业才能长足地发展，永葆活力。墨守成规，就有可能犯"路径依赖"的错误。

戴尔靠直销模式异军突起，但没有一种模式是一成不变的。2007年，戴尔开始变革，尝试直销之外的其他销售模式，它与沃尔玛、国美电器、宏图三胞、淘宝等合作，试水各种零售路径，以扩大销路，促进销量增长。

2008年，戴尔扩大与国美的合作，零售店数量增至900家。在淘宝网建立首个"戴尔淘宝官方旗舰店"，这是电脑厂商首次以官方名义在B2C

网站建立网络门店。这说明戴尔在发展零售合作伙伴外，还在尝试网购，作为戴尔直销模式的补充。同年，戴尔产品进入了300多家苏宁店，以及美城、五星等几百家零售店，借助零售渠道来扩大中国市场。

不仅是戴尔公司，任何一家公司在发展的过程中，都要历经创新与变革。知名的百年企业通用电气公司（GE）有一个有趣的机制——自我否定机制，每一位新上任的CEO都会否定前任CEO的做法，根据当下的环境对商业模式进行调整。2001年，伊梅尔特出任董事长兼首席执行官后，GE的麻烦接踵而至，"9·11"事件、安然危机、2008年至2009年的经济衰退。伊梅尔特曾说，"做梦也没想到通用电气会遇到那么多风险"。

有一次，伊梅尔特在哈佛商学院演讲，有一名学生突然站起来，提出了一个十分尖锐的问题，"杰克·韦尔奇在通用电气20年的任期备受赞誉，接他的班到底有多难"？伊梅尔特平静地说道："如果走在你前面的是个有名的大人物，那么，诀窍就是，你每天都得推动变革，一点也不能怀疑什么地方出了错。"

很快，伊梅尔特选择了一条与韦尔奇不同的发展道路：一方面，他减少了韦尔奇时代通用的业务，比如塑料、家电和通用电气资本；另一方面，他抓住了国际贸易发展的机遇，扩大了GE的海外业务。

对于伊梅尔特的变革，韦尔奇很是赞许，他说："变更的原因永远是为时代需要的新眼光、新方向提供机会。他所做的一切，都是适应时势的。这就是变革的核心所在。"

美国政治家林肯说过，"过去安逸的生活所奉行的教条早已不适用于风起云涌的现代社会，面临着重重困难，我们必须因时而起，新的形势要求我们采用全新的思考模式和行为模式"。如果把这句话用在商业模式上，没有一点违和感。

21世纪，以网络连接世界为动力产生的商业变革，注定了商业模式需要不断创新变革，一次商业模式的创新或许并不困难，但是始终具备商业模式创新的能力，却不容易，而这却是让商业模式永远保持生命力的唯一方法。

优秀的商业模式必须是在未来一段时间内不会被淘汰的

据《中国中小企业人力资源管理白皮书》调查，我国中小型企业平均寿命只有两年半，集团企业平均寿命为7—8年，这就意味着在中国每天倒闭的企业多达1.2万家，每分钟都有10家企业倒闭。2020年是艰难的一年，在新冠肺炎疫情影响之下，企业的日子更加不好过，企查查专业版数据显示，2020年前七个月，企业注销倒闭的数量为231万家，其中占到一半的是经营了3—10年的企业。

企业经营失败，与没有清晰的商业模式脱不了干系，在项目正式运作后，企业缺乏对盈利模式、资源利用问题的思考。企业面临转型时，未能把握住现有产品的优势，就无法保证企业持续盈利，就有可能逐步走向衰落。

因此，企业要想长久存活，持续发展，必须摸索出在未来一段时间内都不会淘汰的商业模式，并加以复制，产生"1+1＞2"的效果。当然，我们也可以学习、借鉴成功企业的商业模式，对其进行复制，为我所用，不过前提是这种商业模式在未来一段时间内不会被淘汰。

（一）微软的商业模式

1977年，盖茨创办微软公司，9年后，微软成功上市，那一年盖茨只有30岁，就成了亿万美元的富翁。或许你会认为盖茨的财富来自盈利收入，其实不然，他的财富主要来自股票收益。股票市场非常看好微软未来的收入，所以给微软股票更高的价格。

那么，为什么股票市场会对微软的股票如此青睐呢？因为微软的软件商业模式好，微软每卖出一份Windows系统软件，就能获得一定收益，其成本对微软公司来说几乎为零。

在经济学和商业学中有一个术语叫"边际成本"，指的是生产一个额外单位的产品所产生的总生产成本的增加。微软产品的边际成本几乎为零，当然赚钱了。我们可以把微软的产品与制造汽车比较一下，制造一辆汽车的成本是非常高的，需要购买很多的零件，还要支付工人工资，还要涉及库存费用等，每辆车的边际成本都非常高。相比之下，人们自然会喜欢微软的股票了。

与微软有类似商业模式的还有网络游戏。将一款网络游戏软件开发出来，多一个客户使用，对公司来说成本几乎为零，都是纯利润，自然具备赚得盆满钵满的实力了。

（二）沃尔玛的商业模式

沃尔玛是一家美国的世界性连锁企业，我们可以把它理解为平价超市连锁店，它打出的口号是"天天平价"。我们走进沃尔玛，并不觉得它与其他连锁店相比有什么特别之处，其实它的特别之处不在于商品，而是商业模式。它的商业模式极具破坏性，所谓的破坏性是指用高质量低价格挤掉其他商店。

众所周知，沃尔玛的价格比同行低不少，那么，它靠什么生存下去呢？其秘诀就是最大限度地压低成本，让消费者享受到实实在在的实惠。为了压低成本，沃尔玛采用大批量采购方式，避开批发商，直接从厂商手里进货，减少了中间环节，避免被盘剥，大大降低了成本。由于采购量非常大，就有了与厂商谈判的资本，可以把出货价格压到很低。

那么，厂商怎么可能忍气吞声，甘愿被沃尔玛压低价格呢？这就有点"店大欺客"的意味了。沃尔玛是全球最大的零售商，超市数量超过5000家，每周光顾沃尔玛超市的人数超过1亿人，采购量将会有多大，可想而知。如果企业能成为沃尔玛的供应商，就不用担心没有销售渠道了，而且仅给沃尔玛供货，就能养活企业了，只不过是薄利多销而已。

另外，沃尔玛超市的选址很特别，与一般超市开在人流量大的城市不同，它都开在了一些小乡村。1962年，第一家沃尔玛超市就开在了阿肯色州的一个小镇上，把"天天平价"作为基本立足点，之后，它逐渐向其他小镇扩展，这些小镇都有一个共同点，那就是没人愿意在那里开超市，人口都比较少，只有5000—25000人。这样一来，沃尔玛超市就成功地躲避了竞争对手，因为镇上没有超市，只有沃尔玛一家，无须宣传，人们很快就知道了，省了打广告的钱。

由于沃尔玛超市都开在偏僻的小镇，没有批发商愿意送货到这些地方，沃尔玛超市只能建立自己的物流库存中心，但这可以避免中间批发商，直接与生产厂家谈价格、进货。从厂商进货到自己的物流中心后，再转运到各个分店。

随着沃尔玛超市越来越多，遍地开花，它的砍价能力越来越强，沃尔玛的货价水平越来越低，它的竞争优势就越来越强。1972年，沃尔玛成功上市后，就有了更多的资金，复制沃尔玛模式，开更多的新店，竞争力越发强劲，同时也使一些小规模的杂货店、超市纷纷倒闭。

（三）阿米巴的经营模式

阿米巴经营模式就是将企业分割成独立经营、独立核算的无数个阿米巴组织，以阿米巴领导为核心，让阿米巴组织自己制订计划，并通过全体成员的努力达成目标。

其实，阿米巴经营模式就是一种量化的赋权管理模式。通过授权、赋权的方式，把权责赋予到最小的单元，即企业的每一个员工身上，然后计算出每个人每个小时能赚多少钱，通过这样的量化，就可以把每天、每周、每月的情况清晰地呈现出来，并发现其中的差异，分析原因，不断改进，来促进企业的持续完善与提高。

由此我们不难看出，在阿米巴经营模式下，每一个成员都是主角，他们主动参与经营，从而实现"全员参与经营"，一言以蔽之，就是把人的力量发挥到极致。联想集团总裁柳传志曾说过，人才是利润最高的商品，能够经营好人才的企业才是最终的大赢家。

1965年，京瓷公司正式导入阿米巴经营管理模式，至今已经快60年了，从来不亏损，即便是经济危机，它也能独善其身。不仅如此，阿米巴经营模式还拯救了陷入巨额债务的日本航空公司，在两年时间内扭亏为盈，成为全球航空业的利润冠军，这足以证明阿米巴模式禁得住时间考验，是优秀的商业模式。

微软的商业模式、沃尔玛的商业模式、阿米巴经营模式，都保持了四五十年长久不衰，自然有他们的独到之处，我们学以致用，必将有利于推动我们自身的成长。

商业模式复制条件之二：落地生根的"本土化"

复制的商业模式要落地生根，必须"本土化"

商业模式具有一定的局限性，再好的商业模式也并非放之四海皆准。百盛是马来西亚百货店最大、最成功的零售连锁集团之一，然而它却在广州惨遭"滑铁卢"，不得不退出市场，在很大程度上是因为在本土化上出现了问题。

一个优秀的商业模式能不能在一个新企业"移植"成功，取决于该模式是否能"入乡随俗"，做到真正本土化，因为各地的消费能力、生活习惯，乃至员工观念，都存在差异，这些因素都会导致优秀的商业模式无法成功复制。

一般来说，将商业模式复制到新组建的企业容易一些，复制到一些被兼并收购的或者跨国的公司，要难得多，因此在推行新模式时，一定要结合本土的时间情况，做出相应的调整，不能生搬硬套，很多失败的例子给我们提供了前车之鉴。

被誉为"日本经营之圣"的稻盛和夫，曾创办两家世界500强公司，又让濒临破产的日航起死回生，而他的成功秘诀就是阿米巴经营模式。特别是京瓷公司，它由230家企业组成，业务范围之广，包括原材料、机器制造、设备提供、通信服务、娱乐、酒店等多方面，这些企业有一个共同的特点，即都采用的是阿米巴经营模式。

因阿米巴经营模式取得了巨大的成功，引起了众多企业的关注。前几年，中国也有不少企业纷纷试水阿米巴经营模式，大中小企业都把阿米巴经营模式当成企业发展进步的制胜法宝。企业的老板们要么购买有关阿米巴经营的书籍自己研究，要么参加各种有关阿米巴经营的培训，然后纷纷试水阿米巴经营模式，但成功的人很少，为什么呢？

这就像日本人穿木屐，他们会觉得很舒服，但要是让中国人穿木屐，就会感觉很难受。阿米巴经营管理模式虽好，但是若不考虑企业自身的实际情况，生搬硬套阿米巴经营管理模式，往往会以失败而告终。

日本企业文化与中国企业文化是有差异的。在日本企业，奖励往往不在工资、奖金上下功夫，而是给予员工一些荣誉，或者选拔为阿米巴长，让员工感觉这是无比荣耀的事情。但中国的员工更注重一些物质上的奖励。这是其一。

其二，在日本企业，大多数员工很少换工作，即使换工作，其频率也很低，但在中国不同，员工流动性大，员工不稳定，经常变更，也给阿米巴经营模式的开展制造了麻烦。好不容易将员工进行了培训，没过几个月，一部分员工离职了，新来的员工又需要重新培训，费时费力。

同样的道理，外企进入中国，也容易水土不服。比如7-11便利店，7-11便利店创立于20世纪70年代的日本，创始人为铃木敏文。该便利店的创办与当时的日本的社会环境有关——老龄化、家庭单元变小。铃木敏文从中嗅出了商业的气息——人们更需要便利的零售条件，哪怕是多花一些钱，人们也愿意，而且相比大批量、大包装的商品，即买即用、即用即食的商品更受欢迎。

结合日本社会的现状，7-11便利店采用带客进店的商业模式，为顾客带来三大便利。

第一，提供鲜食。顾客去店里可以买到立即就可以食用的午餐或晚餐。

第二，便利店中设置ATM机。当时日本居民去银行非常不方便，进店就可以满足顾客银行业务需求，实现带客进店。

第三，7-11便利店与最好的供应链工厂进行合作，为其持续提供、研发可口、便宜、新鲜的日餐，并按要求来调整和尝试新品。

但7-11便利店的做法，在中国却行不通，比如，中国人不喜欢复热食品，食品加工供应链不成熟，各地饮食习惯差异太大等，这些因素都制约了7-11便利店在中国的发展。

所以说，一个成功的商业模式，在"移植"到新的市场环境中之后，能否成活，取决于后期是否进行了调整。在这方面韩国薇薇就是一个成功的案例，是我们学习的典范。

韩国薇薇时尚集团主打的是白领女性服装品牌和多元化妆品品牌，将女性时尚领域的众多细节都包含于其中。韩国薇薇要进驻中国市场，首先要面对的问题就是如何在短时间内让中国女性对其品牌有所认同，然后以中国本土的时尚观念为基础，进行调整和更新，是确保韩国薇薇能否在中国市场成功的关键。为此，韩国薇薇在地域选择、科研、人员配置上做出了重大变革。

在地域选择上，韩国薇薇时尚集团做得十分聪明，将地点定在了广州，继而打开中国市场。选择广州有三大原因：第一，广州的人力资源即科研团队十分丰富；第二，材料供应充足；第三，广州是中国的时尚和对外中心城市，这一点非常重要，相比其他城市，韩国薇薇的时尚理念更容易在这里得到认同。

在人员配置上，韩国薇薇时尚集团借助互联网的便利优势，先用母国资源来推动投资东道国资源，然后逐步摆脱母国资源，利用广州的人力资源，实现在华独立发展。

在科研方面，采取与人员配置类似的模式，将韩国时尚风潮与中国时尚理念进行完美融合，从中国女性护肤的要求与习惯出发，研发相应的护肤品，在产品包装设计上更贴合中国女性的审美需求。

纵观在中国市场取得辉煌战绩的外企，他们都无一例外，像韩国薇薇时尚集团一样实施了本土化策略，如宝洁公司。宝洁公司早在改革开放之初就已经在中国市场开始市场调研了。1988年，广州宝洁有限公司成立，后来逐步在其他城市生根发芽，经过多年的经营发展，宝洁在中国市场上取得了巨大的成功。

可口可乐公司在本土化策略上做得也十分地道，这一点我们从可口可乐的营销上就可以窥一斑而知全豹。可口可乐的形象代言人多是华人新生代偶像，因为它的目标人群为年轻人，广告画面呈现出活力充沛的健康形象。国人熟知的明星艺人周杰伦、朱一龙等，以及体育明星刘翔，都曾担任过可口可乐的形象代言人。

很显然,可口可乐的营销策略是,通过明星对青少年的影响,提升其品牌知名度,让人们对可口可乐这一外国品牌不再排斥,减少其品牌与中国文化冲突导致的不利影响,努力将可口可乐打造成本土化品牌,得到消费者的认同。

伴随世界经济一体化进程的加快,越来越多的企业开始对外扩张,走向跨国经营的道路,谋求进一步发展。海外企业开始进入中国市场,更多的中国企业也走出国门,奔向国际市场,同在本国经营相比,跨国企业面临更大的挑战,竞争的激烈和复杂程度更甚,像可口可乐、宝洁、韩国薇薇等企业成功的本土化策略无疑为我们提供了很好的借鉴,复制商业模式自然也要遵守"本土化"原则。

加大对本地员工的培训密度和力度

人才是企业重要的资产之一,如今社会瞬息万变,不确定因素越来越多,人才愈加显得珍贵。对于企业而言,主力队员强大固然是好事,但是"板凳队员"跟不上,也是一种潜在的危机,一旦主力队员出现问题,没有"板凳队员"替补上场,企业的发展就会大受影响。特别是一些大企业,在将商业模式进行复制时,必须加大对本地员工的培训密度和力度,做好人才规划,搭建好人才梯队。

(一)肯德基的员工培训体系

肯德基是一家跨国连锁餐厅,在全球 80 多个国家拥有 1.4 万多家餐厅,雇员超过 120 万人。肯德基属于劳动密集型产业,其人力资本管理机制的特点为"以人为核心"，因为员工是确保肯德基能够在世界各地扩张的重要资源，所以，肯德基投入大量的资金、人力，对员工进行多方面各层次的培训。

在中国，肯德基建有教育发展中心，作为专业练习系统及教育基地。这个基地是专门为餐厅管理职员而设立的，每年有数千名全国各地肯德基餐厅管理人员聚在这里，接受上千次培训。培训课程十分丰富，涉及服务沟通、品质管理、领导风格、团队精神、时间管理等内容，为了做到与时俱进，教育发展中心每两年就要更新教学内容，重新审定和编写新教材。

肯德基的员工培训体系分为三个部分：职能部门专业培训、餐厅员工岗位基础培训，以及餐厅管理技能培训。

1. 职能部门专业培训

肯德基是百胜全球餐饮集团中的一员，在中国百胜餐饮集团内部设有专业职能部门，负责肯德基的市场开发、企划、采购、有效管理时间、配送物流等工作，其中最重要的工作之一就是建立专门的培训与发展策略。

新员工进入公司后，都会在肯德基餐厅进行为期7天的实习，让员工了解餐厅运营情况，知晓企业精神的内容，若员工需要从事管理工作，其培训课程就会包括与企业文化相关的内容。

2. 餐厅员工岗位基础培训

每位进入公司的新员工都要接受200个小时的严格培训，直到熟悉并胜任工作站的基本操作技能，并通过考试，取得结业证书，才算合格。员工要想晋升，就要不断地接受培训，比如，从见习助理晋升到二级助理，就要到教育发展中心修习5天的课程，每一个阶段都如此。

在肯德基，员工对工作站操作的熟练程度决定了他们的职位晋升与工资水平，能者上，平者让，庸者下，在肯德基是千古不变的道理。

3. 餐厅管理技能培训

在中国，肯德基约有5000名餐厅管理人员，公司会根据管理职位的不同，进行与之相对应的学习课程。假设A是一名见习助理，她的学习历程是这样的：先到肯德基每一个工作站进行学习，内容包括基本操作技能、常识和人际关系的管理。当A的管理能力和职位得到提升后，她又会接受不同的培训课程，若她能成为区经理，学习内容包括领导入门的分区管理手册、高级知识技能培训。当然，她还可能被派去其他国家，目的是接受新的观念，使工作能力进一步得到提升。此外，餐厅管理人员必须不定期地观看录像资料，以及参加管理技能考核竞赛等。

总之，肯德基在培养人才方面是很下血本的，至少需要4年，花费20万元人民币，才能培养出一名餐厅经理。因为他们必须从基层做起，逐渐熟悉餐厅全部的运作流程，涉及产品、人员管理、人力成本、库存管理、品质控制、危机处理等内容。

肯德基为何对餐厅经理如此重视呢？是因为经理是餐厅的核心人物，在很大程度上决定了餐厅经营的成败。这一点从肯德基的企业文化中就可以体现出来——"餐厅经理第一，一切围绕一线餐厅服务展开良性竞争"。这里所指的"餐厅经理第一"，意思是说餐厅经理能被充分授权，对餐厅进行自主管理。

另外，肯德基培训还有一大特色，即纵横交换，肯德基会进行餐厅比赛和员工活动，称为内部纵向交换，目的是增加公司内部员工之间的关系。除此之外，肯德基还会进行行业内横向交换，比如，肯德基曾与中国国内贸易局合作，共同举办过"中式快餐经营管理高级研修班"，加强全国中高级中式快餐管理职员的交流，从而提高整个行业水平。

综上所述，肯德基员工的培训体系呈现五大特点：

一是针对性强，不同职位的员工所接受的培训内容不同；

二是培训形式多种多样，有讲座、有观摩录像资料，有培训课程等；

三是长期性，从新员工入职开始，他们就要接受培训，职位升迁之后，又要进行相应的培训课程学习；

四是独立性，肯德基设立了专业练习系统及教育基地（教育发展中心），更有利于进行专业的培训，提高实操水平；

五是岗位性，培训是职位升迁的必经过程，既能激发员工的积极性，同时也有利于企业与员工一起成长。

（二）麦当劳的员工培训体系

2020年，麦当劳发布了全新品牌理念——因为热爱，尽善而行，并对外公布由易烊千玺担任品牌代言人。该品牌理念是为了鼓励人们用热爱创造更多可能，用善意带来更多美好。

从1990年，麦当劳在深圳开办第一家餐厅，到2020年，麦当劳进入中国内地市场已经30年了，在全国有3500多家餐厅，"麦当劳"的名字妇孺皆知，它的服务水平、服务质量更是给每一个走进麦当劳的人留下了深刻的印象。

每一个点亮的金色拱门背后，高超的组织和管理水平都令人叹为观止，而这都与麦当劳有一套有效的人事制度密不可分。那么，麦当劳的培训体系是怎样的呢？麦当劳的培训系统分为员工培训和管理组培训。

四个"一"的员工培训包含四个方面：一支优秀的训练团队＋一套完整的训练工具＋一体化的追踪和奖励机制＋一套科学的训练程序方法。

如果员工业绩突出，并具有一定的发展潜力，就会进入晋升发展名单，晋升为训练员，直至管理组。

三个"一"的管理组培训系统包含三个方面：一套科学系统的管理组学习资料＋一套分级课程系统＋一套营训合一的学习鉴定程序。一个具备发展潜力的员工，经过层层的选拔和学习，成为麦当劳餐厅需要的人才。和肯德基一样，麦当劳培养一名餐厅经理也不是一朝一夕的事情，一般需要 1.5—2 年。

麦当劳的人力资源管理有一套标准流程，且特点鲜明，比如，独特的晋升机制，在麦当劳并不是有足够优秀的工作能力就有机会晋升，你需要先培养自己的接班人，这样才能确保每个岗位都会有人在，并且徒弟关系到他的声誉和前途，这对公司职员的培训也是大有帮助的。

再比如职业规划指导，员工可以请专业的顾问，让他来帮助自己制定职业目标，费用由麦当劳来支付，员工可以享受到免费的服务。

总之，复制商业模式，必须重视人才的作用，打造优秀的培训系统，加强对本地员工的培训，才能为新企业注入新鲜血液，才能让新企业和母公司一样具备竞争力。

重用"本土化"管理人员

无论是外企来华投资,还是企业扩张,都需要复制母公司的模式,建立新的公司,都要重视"本土化"的管理人员,这是因为人才本土化有一定的优势。

首先,人才本土化经营管理模式,有助于企业做出正确的经营决策,因为"本土化"的管理人员清楚本土的市场环境,了解民众心理。其次,人才本土化的引入可以让企业快速作出市场分析,抓住市场机遇。最后,人才本土化策略可以降低劳动力成本,方便与当地消费者沟通交流,更有助于工作的开展。

现在不少来华投资的大企业都意识到了人才本土化的重要性,比如宝马集团、宝洁公司,他们在重用"本土化"管理人员方面一直都是不遗余力的,他们的很多做法都值得我们学习和借鉴。

(一)宝马的"本土化"管理策略

多年来,宝马在中国一直推行人才本土化策略。在宝马(中国)汽车贸易有限公司中,担任部门总监及以上职务的人员多为本土人才。宝马校园英才教育项目(BMW Education of Sales & Service Talent,BEST)已经在中国实行了13年,招收和培养的学生人数超过7000人,既为宝马的经销商提供了人才,也为中国汽车行业培养了高水平的人才,为推动中国汽车行业的发展作出了贡献。

BEST项目的优势之一是把宝马在德国推广的双元制教育模式复制到

了中国，宝马刚刚进入中国时，招聘不到充足且符合宝马标准的技师，为了解决这一问题，在2006年，宝马成立了BEST项目，用于培养售后技术型人才。

该项目将德国"双元制"教育与我国的学徒制完美结合，既有理论知识，又不乏实践操作，为我国学生"量体裁衣"，制订有针对性的培训计划。经过数年的努力，宝马已经在中国培养了大量的人才，涉及的环节包括生产、销售和售后等，形成了全面且系统的职业教育体系，为公司的可持续发展源源不断地输送高质量的人才。

2019年，宝马与沈阳九所院校签订十项双元制职业教育合作协议，这意味着职业教育的规模得到了进一步提升，为企业的后续发展做好充分的人才储备。

在此之前，BEST项目只覆盖到了国内的二、三线城市，2019年年末，BEST项目在北京昌平职业学校开幕，这是该项目首次在一线城市布局，课程内容在钣金喷漆类、机电类、零件类、售后服务等原有基础上，增添了新的内容，如新能源类、销售类等课程。

2020年9月，宝马集团大中华区开始施行新一轮的管理人员轮岗，其目的是推动公司的管理创新，促进部门之间知识、管理与实战经验的良性循环，并为公司培养、储备本土化高级管理人才做好充分的准备。

此次轮岗涉及宝马在中国的五个销售大区，以及市场营销、销售、网络发展部等诸多相关职能部门的负责人，其平均年龄为44岁，在宝马工作的平均工龄超过13年，大多担任过两个到三个岗位的管理职务，实战经验十分丰富，在促进宝马在中国业务的发展方面起到了重要作用。

本次轮岗的目的是促进宝马公司内部管理层的专业知识、管理与实战经验的交流学习，提升整个管理团队的战斗力，使其在复杂多变的市场环境中为公司作出更多的贡献。

"人才是企业发展的长期基石"是宝马多年来始终秉承的理念，以后，宝马集团依然会继续以全新战略为指导，在人才战略方面将创新精神贯穿始终，使得人力资源获得持续发展，为公司的发展提供不竭动力。

（二）宝洁的"本土化"管理策略

20世纪80年代，宝洁公司进入中国市场，在90年代初，就开启了"本土化"管理策略。即在中国的高校中进行招聘，被招进宝洁的大学生绝大多数都从管理培训生开始培养，然而就是成为宝洁的管理培训生，都不是一件容易的事情，必须达到宝洁的选人和用人标准。

首先大学生在网上申报简历，宝洁公司会对简历进行筛选，通过的人员才有机会进行中英文笔试，通过笔试的人员，会接受两轮面试，面试成功才能被录取，可谓是一路都得过关斩将。

拿到宝洁管理培训生的入职通知书后，大学生才有机会进入宝洁为期18个月的快速启动计划，该计划分为两个阶段。

第一个阶段：从拿到入职通知书到正式入职，为期6个月。

在第一个阶段实行有弹性的培训计划，以网上学习为主，学习内容主要是了解公司以及产品，进行电脑技术和商业英语的培训，宝洁在每个城市都设有学习小组，大学生们可以在学习小组中讨论、学习、交流。

进入宝洁公司的第一个星期，所有新员工都会到广州（大中华区总部）接受入职培训，宝洁的入职培训是"基于KAS的360度的培训模型"，K、A、S代表不同的含义，K是指知识，包括了解宝洁公司的知识、文化、政策等内容；A是指态度，通过培训帮助大学生成为职业经理人，实现角色的转变；S是指技能。

第二阶段：进入公司6个月之后。

在这个阶段，所有大学生再次被集中起来，接受培训，培训内容以技能为主，公司会根据新员工的情况，进行针对性的培训，比如进行项目管理技能。

除了基于KAS的培训外，宝洁公司还设有两个系统，以满足员工学习与发展的需要：一个是On-the-Job Coach，即直线经理对日常工作的辅导；另一个是成人学习解决方案，该方案会向员工提供New Hire Blog和学习小组，鼓励员工去学习观摩。

此外，宝洁公司为员工提供导师计划，员工可以根据职业发展需要，在经历中寻找适合自己的导师，得到导师的谆谆教诲。

快速启动计划结束后，宝洁会通过内部提升体制，选拔优秀人才，用以满足宝洁公司未来的发展需要。蔡靖，曾经担任宝洁大中华区培训及招聘高级人力资源经理，而她获得这个职位，用了11年时间。

2004年，蔡靖以中山大学经济学硕士学位的身份，进入宝洁人力资源部，担任大中华区助理培训经理一职。

2005年，蔡靖担任大中华区美容护肤业务组织的人力资源经理，其直线经理来自人力资源部与市场部，以便让她进一步熟悉单元业务的运作。

之后，蔡靖经历了轮岗，以便让她在不同的职位上，掌握更多的商业知识和管理技能。

2015年3月，被调回人力资源部的蔡靖，出任大中华区招聘和培训经理一职。同年11月，成为大中华区女性美容业务组织人力资源高级经理。而此时距离蔡靖进入宝洁公司，已经11年了。通过蔡靖的履历，可见宝洁公司培养人才的成本是非常高的。

熊青云是宝洁进入中国以来，培养的第一个本土总经理，足足花费了20年的时间。

企业要培养出一个本土人才，实属不易，需要耗费大量的成本，而要是能培养出一个能胜任重要岗位的人才，更是难上加难，但是，企业人才本土化又是大势所趋，是国际化经营的必然选择，也是可复制的企业模式必须要经历的阵痛。

尊重原企业合理或成功的历史形成

"橘生淮南则为橘，生于淮北则为枳"，比喻环境变了，事物的性质也变了。复制商业模式亦如此，不是把一个成功的商业模式复制到一个新企业，就一定能让这个新企业焕发勃勃生机。

某A企业成功时，连该企业领导人随口之语都成为众多企业的圣典，A企业的离职人员也成了同行争抢的香饽饽，然而即便A企业的离职人员进入新公司，为新公司带来原企业的商业模式，这些新公司也没有成为第二个A企业，就是A企业的创始人离开A企业，也没有创造出一个超越A企业的竞争者。

这说明商业模式要根植于适合它生长的企业，才能焕发出勃勃生机，照搬照抄，全部"移植"到新企业，很容易水土不服。因此，在复制商业模式时，一定要具体问题具体分析，有时还需要尊重原企业合理或者成功的历史形成，因地制宜、因势利导地复制母公司的商业模式，才能提高成功率。

（一）西班牙 ACS 建筑公司的并购神话

西班牙 ACS 建筑公司成立于 1983 年，是由一批工程师重组及收购了一家创办于 1968 年的中型建筑企业而起家。如今它已经成为西班牙最大的建筑集团，仅有 37 年的历史却创造了并购成长的神话，7 年蝉联 ENR 发布的"全球最大 250 家国际承包商"的第一位。

西班牙 ACS 建筑公司在并购扩张战略过程中，重点打造三大核心竞争力，即企业文化、技术及资本运作能力。其中企业文化是最复杂也是最容易忽视的一个问题，由于各地的企业文化和员工观念大相径庭，如何将母公司的企业文化与新公司的企业文化融合在一起，是必须要考虑的问题。

巴菲特曾经说过，"the right kind of business, with right people, at right price"，那么，什么是 the right kind of business 呢？"小霸王"和"步步高"品牌的创立者段永平认为，"the right kind of business"就是指好的生意模式，而好的企业文化是好的生意模式的"必要条件"。

优秀的企业文化有两大好处：第一，可以使员工正确理解企业的经营理念和核心价值，提高执行力，增强凝聚力；第二，使企业在为客户提供产品及服务，与其他企业合作及并购过程中与对方快速建立信任。

西班牙 ACS 建筑公司推行以客户为中心的服务文化，专注于保持客户的高度信任，提供高附加值的服务，在发展过程中，ACS 秉持尊重合作伙伴及并购对象的企业文化，以并购德国的Hochtief公司为例，ACS花费了四年时间才完成收购，在并购的过程中，ACS做到了充分尊重原企业。

首先，ACS尽最大可能地保留原有员工和高管团队，充分尊重并购企业的员工需求，没有对上万名员工进行大规模的裁员。尊重被并购企业的高管团队自主性，保留了原有四位董事，补选四位董事，并没有对原有高管团队做太大的变动，新任董事长兼CEO来自Hochtief公司，CFO来自另一家中立企业。

其次，并未对Hochtief公司的业务及管理结构做出大调整，ACS尊重Hochtief公司的企业治理和业务结构，给予其经营发展的高度独立自主性，除了简化管理结构，将Hochtief公司的机场管理和特许经营合并为一个部门外，其他一切照旧。

企业并购的后续整合是一个极具挑战的过程，任何一个环节出了问题，都可能导致满盘皆输。在众多环节中，因企业文化融合原因导致的失败尤为突出，无论企业并购的第一步是业务整合，还是资源整合，都离不开并购企业与并入企业中人在管理上的融合，简单地说，就是企业文化整合。

吉利并购沃尔沃，实质上就是吉利文化、李书福文化、中国文化与沃尔沃文化、瑞典文化的整合。早在并购之前，无论是吉利还是沃尔沃，都会提前考虑企业文化融合的因素，不然即便是并购完成，也有可能因为"溶血"而功亏一篑。联想购入IBM PC后，历经了几个阶段，才把IBM PC纳入联想战略运转轨道上，每一步都走得步步惊心，而胜利的法宝还是依靠以人为载体的企业文化。

（二）日本航空公司的起死回生

2010年2月1日，已经退休15年，即将80岁的稻盛和夫担任日航CEO，对日航进行破产重建。稻盛和夫将已经在京瓷公司屡试不爽的阿米巴经营模式导入日航，并根据日航的实际情况，进行了创新与改良。

第一步，发现问题。

稻盛和夫担任日航CEO后，做的第一件事就是访谈，通过访谈他找到了日航的症结，即盈利责任主体不明确、无资产负债表，以及日销售数据缺失等问题。另外，日航的员工服务意识差，经营者缺乏核算与盈亏意识，以及团队不团结等内部因素，也对日航的破产负有不可推卸的责任。

第二步，为企业引入哲学思想，改变员工的认知。

稻盛和夫对日航公司里的员工进行哲学思想教育，向员工传授敬天爱人的理念，引导员工热爱自己的工作，真心实意地为客户着想，反复强调员工的服务意识，并加强对领导干部的教育，对于不作为的官僚主义作风进行批评，要求干部转变思想观念，增强团队的凝聚力。

第三步，用数字说话。

经营者不能对经营作出精准的判断是导致日航长期亏损的主要原因，稻盛和夫要求日航的管理层关注数字，因为会计报表上的数字是方向标，经营者只有了解这些数字，才能作出具体的经营策略。他要求每个部门都要在月初的时候做好上个月的经营会计报表，改变以前会计报表要延迟两个月的现状，然后根据经营会计报表发现其中的问题，分析问题，解决问题。

不仅如此，稻盛和夫还要求减少经费的开支，包括停飞部分不赚钱的航线，裁减人员，精简不必要的职能部门等。之前，稻盛和夫从未解雇过一名员工，但现在的日航要想生存下去，就必须要裁员。他积极发动6000多家公司，为日航下岗员工安排工作。最后只有170人因自身原因没有安排，但公司给他们提供了充足的下岗补贴。

第四步，引入阿米巴的核算体制。

稻盛和夫将每一条航线都划分成一个阿米巴组织，选出阿米巴长，带领全体员工共同参与经营，就连飞机维修、机场都划分成阿米巴组织，让阿米巴组织施行独立核算，以增强每一位员工的经营意识，让他们清楚自己所经营的航线，建立与市场挂钩的核算制度，让每个阿米巴都朝着"销售额最大化，经费最小化"的目标，努力奋斗。

在阿米巴经营模式下，日航就实现了扭亏为盈，不到三年时间，日航涅槃重生，重新上市，回到世界500强之列，并成为准点率排名第一的航空公司。人们无不惊叹阿米巴经营模式的神奇，钦佩这位年近80岁的老人的经营智慧。

日航再创辉煌，其功不在阿米巴经营模式，而在于稻盛和夫，是他将阿米巴经营模式与日航的实际情况完美结合，才发挥出了最大价值。

商业模式复制条件之三：专业化的复制管理团队

专业化的管理团队决定了商业模式复制质量

每年秋天，大雁们排着整齐的队伍，在有经验的老雁的带领下，飞往南方过冬。在长途跋涉的过程中，老雁会飞在最前面，负责带队，其余的大雁跟随在老雁的身后，雁群中的"老幼病残"会排在雁群的最外侧。为什么会按照这样的顺序飞行呢？

这是因为领头大雁的翅膀在空中划过时，它的翅膀尖上会产生微弱的上升气流，利用这股气流，跟随在后面的大雁就能节省不少力气，排成"V"字队形时，雁群群飞会比一只大雁飞行时增加70%的飞行能力。这充分体现了编队飞行的优势。雁群在飞行过程中，会不时地发出叫声，目的是彼此回应，相互鼓励。

大雁编队的故事让我们感受到了团队的力量，若把雁群比作一个企业，那么，要确保企业高效运转，就必须有一支专业化的管理团队。专业化的管理团队是使复杂的商业模式迅速从一个公司复制到另外一个公司的有效载体。

苹果是一家庞大的公司，拥有数百家子公司，并在全球多国进行运营，如果没有专业化的管理团队，如此庞大的公司将如同一盘散沙，各自为政，发展壮大更是无从谈起。1997年，乔布斯重掌苹果公司时，大刀阔斧地改革苹果公司的管理制度。

（一）运用互联网进行人力资源管理

1997年，互联网热潮已经兴起，苹果公司的iHR人力资源管理系统应运而生，替代了之前烦琐的书面登记系统，大大提高了工作效率。后来，随着苹果公司的扩张，苹果公司实现了全球范围内人力资源管理的网络化。

（二）建立以人为本的员工帮助中心

苹果公司设有员工帮助中心，用以处理员工的日常学习和咨询事宜，无论员工在学习、工作中遇到什么问题，都可以随时通过iPod、iPhone、iPad向员工帮助中心寻求帮助，在接到员工的求助信息后，员工帮助中心会及时作出解答，若员工对答复不满意，还可以进一步追问，直到把问题解决为止。

员工帮助中心的建立，不仅给员工提供了方便，还使人力资本经理从繁重的工作中解脱出来，让他们有更多的时间进行战略思考和全局规划。

（三）福利登记系统FBE帮助员工实现自我管理

1996年，苹果公司取消了烦琐的书面登记系统，取而代之的是福利登记系统FBE，这意味着员工自我管理模式正式启动。该系统逐步帮助员工养成一种习惯，即把网站作为信息来源与交易场所，苹果公司还会经常推出新软件，加强员工对自助操作的软件环境的适应能力。

比如，一名员工在选择医疗计划时左右为难，只需要将不同的医疗计划输入相关软件，就可以看到不同医疗计划对工资薪资的不同影响结果，这样员工就可以作出适合自己的选择方案了。

（四）专业化人才培训制度

"苹果公司研究员计划"是苹果公司为激励员工大胆创新而设立的，只有为苹果公司做出杰出贡献的人才有机会获得"苹果公司研究员"的称号，这是苹果公司给予电子科学家的最高荣誉，在获得这些荣誉的同时，他们还能获得高额的薪酬，以及股票期权。

此外，获得"苹果公司研究员"称号的人能够拥有自由做事的特权，只要他们感兴趣的事情都可以去做。这项特权大大激发了研究院的创造性，从而为公司持续开发出新的产品。

（五）重视企业文化建设

近年来，大型公司在招聘员工时，考察其对公司的认同度，已经成为一种常态。对公司的认同包括对公司风格、文化使命，以及产品的认同，因为企业深知业务能力和技能都能在今后的培训和学习中得到锻炼与提升，唯有企业文化不是经过培训就能获得的，若员工一开始就不认同企业的文化，很难在企业中长久工作，企业花大力气培养出来的人才，有可能人财两空。

苹果公司的CEO乔布斯崇尚技术至上的企业文化，强调公司应该以工程师为主导，这就是苹果能够保持持久创新能力的关键原因。在苹果公司，员工对乔布斯的支持率达到了罕见的97%，可见苹果的成功。乔布斯厥功至伟，他将自己的理念与企业文化相融合，这或许就是人力资源管理的最高境界。这样的公司，同行只能望其项背了。

苹果公司一直以其产品开发团队而闻名，该团队把来自工程、设计、市场等不同部门的员工集合在一起，进行跨部门合作。其实不仅是苹果公司，一些优质的公司，有着卓越贡献的团队都是跨部门合作的，墨西哥的水泥公司CEMEX就是一个典型例子。

CEMEX会通过知识管理体系来促进员工进行交流，消除背景差异的影响，并在全球范围内对其体系展开讨论；海尔集团为了能定制出满足顾客需求和感兴趣的产品，会组建一个由零售商店的店员、工厂车间的运营专家、研发团队的工程师组成的团队。

跨职能部门进行合作，并非一件容易的事情，这必须把来自信息科学、开发、设计和市场等不同领域的专业人才聚集在一起，才能创造出高价值的产品。但对企业而言，要具备这种跨职能的能力是一项十分艰巨的任务，无论是CEMEX的全球化运营技巧，还是苹果的产品设计能力，都是花费了数年的时间才建立、完善并得以大规模推广的。

那么，怎样的团队才能具有跨职能部门的能力呢？略特·卡岑巴赫中心的创始人乔恩·卡岑巴赫认为这样的团队必须具备以下三个维度：

首先，团队中的每一名队员都对团队目标有着同等的感情投入与认可。

其次，领导的角色能灵活地在成员中转化，这基于他们具备的能力和经验以及当前的挑战，而非基于职位的高低。

最后，团队成员将从属关系、个人偏见放下，只忠于团队的共同目标，对他们共同的工作彼此负责。

以上三点，是打造一个与众不同的跨职能部门所必需的，建立跨职能部门的团队能增强企业竞争力，是一个企业具有鲜明形象的体现，才能让企业在同行中脱颖而出，当然这靠职能化特权是无法实现的，更多的是依靠团队成员的情感投入和相互负责，是团队成员在长期工作中自然而然形成的，是企业最宝贵的财富。

商业模式可复制管理能力

年轻人在读《西游记》时，往往会对唐僧嗤之以鼻，因为五个人的团队中，唐僧是最没有本事的，他不会腾云驾雾，不会法术，只会念经，还经常有眼无珠，把妖精当好人，让徒弟和他一起吃亏受罪。

然而，懂管理学的人一定知道在这五个人的团队中，唐僧才是主心骨，若不是他意志坚定，不取真经不罢休，这些人早就散伙了。孙悟空回到花果山当他的齐天大圣；猪八戒回高老庄和媳妇过太平日子；沙和尚回流沙河逍遥自在；白龙马也回到鹰愁涧，不用驮着唐僧吃苦受累了。

可见管理能力在团队中的作用是多么重要，如果没有可复制的管理能力，不管商业模式多么成功，都是空中楼阁，水中望月。因此，一定要打造一套可复制的管理能力，才能将好的商业模式落到实处。

俗话说，小成功靠个人，大成功靠系统。像可口可乐、阿里巴巴等著名公司，员工众多，采取人管人的模式困难重重，借助公司系统进行管理，省时省力，效率又高。值得一提的是，在公司系统中，复制人才的流程是最不能缺少的环节。

刘备有识人之能，用人之才，依靠人才实现了雄霸一方，可为什么最终还是失败了呢？正所谓"成也萧何，败也萧何"，刘备的失败也与人才的缺失、人才梯队断层有着密切的关系。

蜀国前期是非常辉煌的，人才济济。诸葛亮的才智无人能及，关羽、张飞勇猛过人，且为刘备的结义兄弟，可谓是谋有孔明，武有关、张，其他的文武之才皆被闲置，或只挂有虚名，无实权。

到了后期，蜀国人才匮乏，其罪魁祸首就是诸葛亮。诚然，诸葛亮是一个好丞相，但是他最大的毛病就是事事亲力亲为，没有给那些闲置的人才锻炼自己、提高自己的机会。所以，才造成了在五虎、刘备、诸葛相继死亡以后，蜀国再无多少人才可用的尴尬局面。再出岐山时，最需要智勇双全的前锋只能让廖化来担当，成了天下的笑柄，被后人戏称为"蜀中无大将，廖化当先锋"。

复制人才系统可以避免犯和刘备同样的错误，使团队不会因为人才的离开而受到影响，大幅度提升企业各级管理人员的管理能力，使企业长青，繁荣不凋落。提高管理能力的重要举措就是培训，培训的能力也在于复制系统工具化，掌握复制的工具，让有潜力的人通过培训在最短的时间内具备领导力。

在日本企业中，领导交代员工工作任务时，往往需要交代五遍。

第一遍，交代清楚事项；

第二遍，做一遍给员工看；

第三遍，看员工做一遍；

第四遍，和员工探讨此事项的目的，作好应急预案；

第五遍，要求员工提出个人见解。

通过培训，"五遍交代法"人人都可以学会，都能具备领导的能力，所以说，领导力是可以培训出来的。很多大公司都会采取工具化管理，如可口可乐、宝洁，这些公司通常会把工作拆分成可检验的步骤，员工接受培训后，就可以按部就班地完成工作。

华为，作为全球领先的智能终端提供商，目前有员工19.7万人，业务遍及170多个国家和地区。如此庞大的公司，要将成功的商业模式复制下去，必然需要可复制的管理能力。

管理的核心是人，管理的关键靠人，对于任何组织，领导者都是组织发展的决定因素，华为的领导者的基本任务包括四个方面。

第一，思考组织的使命。

明确组织使命，是领导者的第一任务，领导者与员工的不同之处就在于前者是使命的制定者，决策的规划者，任务的监督者，组织使命犹如灯塔，为企业的发展指明道路。领导者还要具备将组织使命转化为组织目标的能力，将组织目标层层分解，并将之贯彻到组织的基层。

组织的使命是单一的，但实现组织使命的目标是多元的，领导者必须制定出目标实现的次序，并平衡好长远目标与短期目标的关系。有了使命，有了目标，还要制定规则。规则是确保目标和使命能够实现的保障。

第二，思考自己应该为组织做什么。

领导者要有主人翁精神，与企业共同成长，有了这样的格局，领导者就会思考自己应该为组织做什么，而不是等待组织交代任务，或者思考自己能做什么。领导者是组织的掌舵人，要时刻明白自己的角色定位，必须要为组织的发展承担责任。

第三，善于授权，任人唯贤。

纵观历史，凡是勤劳的领导，往往不会带出一个优秀的团队。康熙每天工作时间是早上5点至晚上9点，几乎天天上朝。康熙的勤勉是有据可查的，目前保存下来的奏本、题本、密折，有时一天有几十道之多，上面写满了密密麻麻的批语。

此外，清朝时期还规定，每位上任、升任的官员如果没有特殊情况，都要由皇帝亲自来面试，加之每天的国家大事和礼仪事务都要操劳，康熙皇帝确实是个大忙人。可是如此忙碌，结果又怎样呢？

一个人的精力是有限的，大事小事都要管，难免会出错。康熙在晚年的时候就犯了不少的错误，如康熙年间的腐败问题，还有无孔不入的朋党，因忙碌将这些重要的事情忽视了，可以说是捡了芝麻丢了西瓜。

一个成功的领导者一定要善于授权，不能事必躬亲，一定要任人唯贤，要敢于起用比自己更优秀的人。能不能用比自己更优秀的人，体现的是领导者的心胸，也是衡量领导素质的重要尺度。

第四，必须做最重要的事。

有优秀的办事能力，就一定能作出与能力相匹配的业绩吗？非也！因为有些领导无法确定所做事情的时效性与重要性，往往沉迷于一些不痛不痒的琐碎事情。真正的领导者善于把握形势，也懂得应该把时间花在哪里，不会被一些细枝末节或者无关紧要的小事所牵绊。

此外，华为团队管理有一套特有的法则——留住人才，剔除庸才，并独创了任职资格双向晋升通道。新员工必须从基层业务人员干起，然后上升为骨干，此时员工可根据喜好，选择未来职业发展的方向，在上升至高级职称之前，基层管理者和核心骨干、中层管理者与专家，他们的工资待遇是一样的，而且员工可以进行职位互换。

但是当员工升至高级管理者和资深专家时，职位就不能再变动，因为两者的发展方向不同，前者的发展方向是职业经理人，后者的职业方向是专业技术人员。此外，公司会根据员工的情况，选择不同的导师，如新员工入职后，选派的导师主要在工作上和生活上给予员工关心与指导。当员工成为管理骨干时，就会选派经验丰富的导师给予指导。

任何企业在发展过程中，都会遇到危机，企业能否化险为夷，在很大程度上取决于领导者的领导水平，因此，企业必须重视人才的培养和管理能力的复制，才能事业长青。

复制商业模式，管理的首要任务是模块化

商业模式的复制过程，是费时费力的专业化和标准化的推广过程，涉及多个层面，如何才能保证商业模式被成功复制呢？北宋时期毕昇发明了活字印刷术，他成功地运用了标准件、互换件、分解与组合等原则和方法，解决了雕版印刷遇到的难题。

其实，毕昇运用的方法就是模块化管理，复制商业模式与印刷术有着异曲同工之妙，要确保商业模式成功被复制，我们也应该仿效毕昇，运用模块化管理。现代模块化管理起源于18世纪70年代，英国古典经济学家亚当·斯密在其《国富论》中首先提出了这一概念，该书阐述了专业化和分工的管理思想，强调推动生产力进步的基础是分工合作。

模块化管理就是专业分工与模块间协调的统一，专业分工是将整体工作进行分工，模块间协调则是将各个模块的工作目标与努力方向统一在一起，简单地理解为模块化管理就是将问题细分，进行分级管理，专业人各司其职做专业的事情。

最初，模块化管理被用于企业管理中，如今，模块化管理模式的使用范围更加广泛，已经用于人力资源开发与管理中，效果非常明显。

大家都看过《三个和尚没水喝》的故事吗？寺庙里有一个小和尚，他每天独自挑水、念经，给净水瓶添水，夜里驱赶老鼠，防止老鼠将粮食偷走，日子过得安稳自在。不久，寺庙里来了一个胖和尚，他很快就将半缸水喝光了，小和尚有些生气，叫胖和尚去挑水，胖和尚不愿意，提出和小和尚一起挑水。挑水时，两人要衡量好久，直到都认为把水桶放在了扁担中央，才肯去挑水。

又过了一段时间，庙里又来了一个瘦和尚，他也想喝水，可缸里没有水了，小和尚和胖和尚都让他去挑水，瘦和尚挑来一担水，独自把它喝光了。从那以后，三个和尚都不去挑水了，就没有水喝了。大家各念各的经，各敲各的木鱼，观音菩萨面前的净水瓶也没人添水了，花草枯萎了。夜里老鼠来偷粮食，也没有人管，都蒙头大睡，装作没看见。

一天夜里，老鼠又跑到寺庙里来偷粮食，打翻了烛台，烛台点燃了衣服，燃起了大火，三个和尚一起努力救火，终于把大火扑灭了，这场大火也让他们醒悟了。从此三个和尚进行了明确分工，谁来负责挑水，谁来负责给净水瓶添水，谁来赶老鼠，各司其职，井井有条，庙里的香火比之前更旺了。

《三个和尚没水喝》的故事，其实讲的就是当一个团队没有进行模块化管理时，每个人都在推卸责任，导致团队的效率极低，当引入模块化管理之后，每个人都各司其职，各尽其职，在遇到问题的时候，才能追本溯源，责任到人，团队才能保持积极向上的状态。

对于一个小团队而言，模块化管理的优势显而易见，对于一个大企业来说，模块化管理就更加有必要了，它的魅力主要体现在两个方面。

一方面，模块化管理是对整个项目的运作、操作的一个通盘计划。比如，一个项目有230多个节点，在哪个阶段有哪些节点，完成每个节点需要多长时间，由哪些部门或者人员去完成，这些都会有一个全盘性的布局，这样一来，就没有了扯皮、推卸责任的可能性，责任到人，任务没有完成，谁的责任，一目了然。

另一方面，模块化减少了不必要的沟通。模块固定下来之后，人们只要按照模块执行即可，脉络十分清晰，无论是企业内部还是与企业合作的单位，只要看模块，就知道进程如何，减少了不必要的沟通，提高了管理效率。

模块管理虽然解决了专业人各司其职、各尽其责做专业事的问题，但是模块牵一发而动全身，又不能完全各自为政，需要大家协同作战，要有全局观。这就像盖房子，如果负责打地基的团队完不成任务，施工团队就无法施工，进而影响装修团队的进程。所以，大家必须协同作战。

2020年12月，山东临沂万达广场开业，这是万达集团在2020年开业的第45个万达广场，这标志着万达集团完成了2020年初制定的45个万达广场开业的目标，展现了万达人超强的执行能力。在新冠肺炎疫情肆虐的不利市场环境下，很多企业都受到了不小的影响，那么，万达集团是如何超额完成任务的呢？

这与万达自主研发的计划模块化管理系统有着密切关系，该系统能够实现项目从开工到开业全周期信息化管控，这是确保万达项目按时开业的重要原因。每年9月，万达计划部都会对第二年的项目计划进行梳理，哪些项目要开发，哪些项目要出售，都有一个详细的计划，支撑这个强大计划的就是万达独一无二的模块化。

（一）万达的红绿灯制度

在万达有一套令人紧张的红绿灯制度，这套红绿灯制度权责分明，整个模块分成三个节点。项目公司、规划院、总部都要对自己所属的模块负责，其中项目总经理需要对所有节点负责，分管总裁、总裁助理负责所有分管项目的一、二级节点。每个节点下都赋予不同的考核分值，其中一级节点15分，二级节点10分，三级节点5分，针对这些节点，万达又推出了红黄两大亮灯机制。

没有按照计划达成节点，且延误时间少于一周，不扣分，但会亮黄灯，如能及时补上，黄灯自动消失，变成绿灯。若工程量超过一周的时间依然没有补上去，黄灯变红灯。在一年之内如果出现三个黄灯，就等同于一个红灯，一年出现三个红灯，负责人就要被炒鱿鱼了。

在严格的红绿灯制度下，每个人都害怕耽误节点，一旦耽误了节点，通过信息化系统，全集团的人都能看到，而且红灯数量还会在总裁办公会上通报，想想压力就很大啊！

另外，万达每年年底都会针对责任人计划达成情况进行打分，分值与年度奖金挂钩，因此，亮红灯是所有责任人都害怕的一件大事。

（二）制定严苛的内控模块

万达项目通常都会按质按量提前完成，这是因为在项目开工前，计划部门都会制定一个大的框架，并与项目公司进行前期沟通，根据当地情况对模块做出适当调整，不过，这个内控模块更为严苛，节点时间往往会提前，以便预留出处理突发情况的时间，从而有效地保证工期。

（三）运用模块进行预测

万达每年的半年会、年会都会对下半年、第二年进行预测，而且预测准确率较高，这同样得力于强大的模块。万达集团会根据项目差异制定8类模板，开发期均按20个月、22个月、24个月、26个月来编制，整体项目计划模板多达350个节点。根据不同节点类别，制定出不同的管控方式。

万达制订计划非常谨慎，每年制订计划都要花费3个月的时间，从每年的9月开始就着手制订计划，各个业务系统就要提出第二年的计划，之后与上下级、同级部门进行长达两三个月的讨论博弈，11月底交由董事会拍板。通过这个计划模块，万达各个系统的总经理都对第二年的工作内容十分清楚。

模块管理的核心是保障企业高效运营，因此必须建立统一的标准制度，并由管理者带头执行，才能确保制度能够在企业内部被有效执行。

带兵就是带心，重点是商业模式背后的文化

华为公司主要创始人任正非曾经说过，世界上一切资源都有可能枯竭，只有一种资源可以生生不息，那就是文化。在企业经营过程中，塑造企业文化是最难的，因为战略、战术可以模仿和复制，唯有企业文化难以模仿和复制，并且企业文化又可以把战略、战术当作食物一样吃掉。

俗话说，带兵就是带心。所谓的"心"，其实就是企业的文化建设，在商界流传这样一句话："三流的企业人管人，二流的企业制度管人，一流的企业文化管人。"优秀的企业文化是企业获得成功的秘密武器，企业在发展过程中，会逐渐形成独特的文化雏形，经过日积月累的沉淀，形成企业独特的价值观、道德观，成为企业的凝聚力，推动企业的发展。通俗地讲，企业文化就是引导员工有共同的行为方式、价值观，是企业做事的一种方式。

综观那些知名企业，每个企业都有其独特的企业文化，也都非常重视企业文化的塑造，并做到了与时俱进。比如，微软文化在萨提亚·纳德拉担任CEO以后就发生了很大的改变，比尔·盖茨和鲍尔默时期的微软，管理风格是会直接告诉员工在哪些方面做错了，很少会给对方犯错的空间和机会。但纳德拉的管理理念与他们完全不同，他属于成长型思维的管理者，认为应该给员工犯错的机会和成长的空间。现在的微软文化是一种开放式、成长式、更包容的文化，这也是让微软拥有无限活力的原因。

企业重视企业文化的塑造，其积极意义在于以下四点。

一是企业文化具有导向功能，通过企业文化可以对领导者和职工起到引导作用。

二是企业文化具有激励作用，共同的价值观念让员工具有自我价值感，自我价值的实现是人的精神需求中最高层次的满足，可以大大激发员工的工作积极性。

三是企业文化具有凝聚作用，企业文化倡导以人为本，尊重个体，由员工共同的价值观念形成的共同目标，更具有凝聚力，员工会把企业的目标当成自己的目标，努力奋斗。

四是企业文化具有约束力，虽然完善的管理制度可以约束员工的行为，却无法约束员工的思想，企业文化可以在无形中约束员工的思想，让他们与企业一条心，共同成长与进步。

在一个激烈竞争的时代，任何企业如果不能建立有本身特色的企业文化，将难在竞争中制胜。今天，许多人都知道世界上有个蓝色巨人 IBM，却很少有人知道 IBM 也曾有过曲折的发展历程。从 1911 年 IBM 诞生至今，它已经走过 110 年的历史了，其间它经历了"三起两落"，甚至濒临破产，那么是什么力量让这家百年企业基业长青，起死回生的呢？

它依靠的是团队的理念、价值观的精神支撑，依靠的是创新及服务意识和能力，最集中的体现就是企业文化。IBM 的企业文化在美国被认为是企业文化的典范。和大多数成长型企业一样，IBM 的企业文化源于创始人的理念和价值观，经过几代人的磨炼，奠定了根基，持续传承，如今成为 IBM 的核心竞争力。

IBM 是一家有明确原则和坚定信念的公司，这些原则和信念看上去很简单，很平常，但它们构成了 IBM 特有的企业文化，即以"三条准则"为核心的企业文化。

第一准则：必须尊重个人。

IBM 公司认为，公司最重要的资产不是金钱或其他东西，而是员工，因为每一个员工都可以让公司变成不同的样子，IBM 的每位员工都把自己看作公司的一分子，公司也处处为员工着想。

建立小型编制：IBM努力创造小型企业的氛围，分公司保持着小型编制，一个主管最多管辖12名员工，每个经理人都需要了解工作成绩的尺度，要不断地激励员工，让员工保持积极乐观向上的心态。

依照贡献大小核定薪水：在IBM公司论资历分配工资奖金的制度是不存在的，每一位员工都是按照他对公司贡献的大小来核定薪水，取得优异成绩的员工会获得表扬、晋升、奖金的机会。

绝不让员工失业：在IBM，没有任何一位正规聘用的员工因为裁员而失去工作，即使在公司不景气和经济大萧条的时候。1969—1972年的经济大萧条时期，有1.2万名IBM的员工，由生产工厂、实验室、总部调整到其他工作岗位，有5000名员工接受再培训后从事设备维修、外勤行政、销售等工作。

内部晋升制度：IBM公司晋升人员时永远在自己公司员工中挑选，不会出现空降兵，所以IBM公司在对员工培训培养力度、重视程度上都远远超过其他企业。

民主的环境：在IBM公司，管理人员要对每一位员工都给予尊重，同时要求每一位员工都必须尊重顾客，即使对待同行竞争对手也要如此，绝不可以诽谤竞争对手，因为销售依靠产品品质和服务质量，而不是攻击他人产品的弱点。

第二准则：为顾客提供最好的服务。

IBM是一个"顾客至上"的公司，他们把一切以顾客的需要为前提贯彻到每一个细节之中。IBM公司对员工所做的"工作说明"中特别提出，对顾客、潜在顾客都要提供最佳的服务。

1. 第一时间解决客户的问题

无论顾客有什么样的问题，IBM 的规定是在 24 小时之内解决，如果无法做到立即解决，也必须给顾客一个满意的答复。顾客打电话要求服务，IBM 会在一个小时之内派出人员，IBM 的专家们等在电话旁，随时为客户免费提供服务，而且客户打电话的费用都由 IBM 来埋单。

2. 产品质量一定要好

IBM 有邮寄或专人送零件的服务，如果顾客需要更换零件，那么他所更换的新零件一定比原先换下来的要好，且比市场同级产品好，IBM 就是如此严格要求自己的。

3. 定期培训，提高业务水平

培训有助于提高员工的业务水平，在 IBM，每位经理每年都要接受 40 个小时的培训，有时还会邀请顾客和这些经理一起上课，交流学习。

第三准则：追求优异的工作表现。

IBM 的产品和服务永远保持完美无缺的理念，不降低标准和要求，公司会设立满足工作要求的指数，定期抽样检查市场，以设立服务的品质。IBM 在招聘时，会挑选优秀的大学生，并对他们进行严格的训练，使得他们有优异的工作表现。

IBM 是一个具有高度竞争环境的公司，在这样的氛围下，可以培养出优秀的人才，更好地为顾客服务，让 IBM 持续创造辉煌。据说每一个从 IBM 走出来的人，都对 IBM 心存感恩，这是因为 IBM 成就了他们，他们永远都会感谢 IBM，有这样的企业文化，怎能不在竞争中独占鳌头呢？

如何管理多种商业模式

无论是一个老牌企业还是一个初创型的企业，在发展到一个阶段后，因为自身增长的需要、业务变化、外部环境等原因，都可能会遇到管理多种商业模式的问题。尤其是对老牌企业来说，其挑战性非常大，因为新的商业模式往往会影响到现有的商业模式，新的商业模式有可能需要完全不同于之前的组织文化等。那么，该如何管理多种商业模式呢？是应该把新出现的商业模式纳入现有的组织架构，还是把这个新的商业模式独立运营呢？

一位叫 Constabtions Markides 的学者提出了"二维矩阵框架"，来决定如何同时管理多种商业模式，"二维矩阵框架"由两个变量组成，第一个变量就是两种模式之间的冲突程度，第二个变量就是两者之间的战略相似程度，这就会导致三种选择。

第一种选择，当两者之间冲突不大，但是战略相似度高时，就要将此业务与当前的商业模式进行整合。

第二种选择，当两者之间冲突不大，但战略相似度不高时，可以将此业务独立运营，无须剥离出来。

第三种选择，当两者之间冲突大，战略相似度不高时，可以将新的商业模式从此时的运营主体中剥离出来。

分离管理与整合管理各有各的优势，分离管理可以避免因商业模式整合而产生冲突，并保留必要的自主权；整合管理在分离的商业模式之间创造协同效应，必要的时候可以相互配合。

值得一提的是，不管我们选择怎样的商业模式，都不可能永远保持不变。通常企业会分开管理不同的业务模式，但当环境条件发生变化后，就可能对多种业务模式进行整合管理。比如，之前品牌商一般会把线上和线下渠道分开管理，现在随着技术的成熟，顾客消费行为习惯的改变，品牌商往往会对线上、线下渠道进行整合管理。

（一）斯沃琪（Swatch）的整合营销

瑞士是拥有 300 多年历史的钟表王国，其手表是精美、高雅、华贵的代名词，是身份、地位财富的象征。瑞士制表业享誉全球，是全球市场的领导者。

20 世纪 70—80 年代，瑞士的制表业面临着来自亚洲制表商在中低端市场的挑战，苦不堪言。众所周知，瑞士制表商的定位一直是中高端手表，他们不愿意生产中低端的手表。不过，制造 Swatch 手表的企业家尼古拉斯·G. 哈耶克却看准了这个商机。

1985 年，哈耶克和一些投资者收购了两家钟表企业，开始布局低端市场品牌，让集团在高中低三个市场同时拥有品牌。董事会都反对哈耶克的决定，因为这样做会让他们的中端品牌天梭遭到低端产品的冲击，导致企业内部品牌之间互相竞争，但哈耶克"固执己见"，没有听从别人的意见。因为此时手表的功能不能单纯地定位为报时，他需要通过整合营销传播，扭转市场概念，于是，Swatch 品牌应运而生。

Swatch 在整合营销过程中，不再把计时作为出发点，而是把手表当成一种时髦的装饰品。这样一来，人们就不会一生只买一块手表，因为装饰品是需要更换的，彻底颠覆了手表先前的定位。

当然，哈耶克的这些想法不是拍脑门想出来的，是通过大量市场调查得出来的结论。经市场测试后发现，消费者能够接受瑞士表比日本、香港的产品稍贵一些，这就使瑞士手表具有了产品差异优势。

不仅如此，哈耶克努力寻求产品的差异性，对低端市场进行细分，研究18—30岁的消费者的消费行为，发现这类人群虽然没有钱购买高档表，但他们很想买一块时尚的低端手表，来满足个性化需求，于是，他们将Swatch定位为风格时尚型，定价40美元左右。

时尚的外形加上瑞士品质的背书，让Swatch迅速走红。由于Swatch手表的生产流程能够被自动化，大大降低了生产成本，手表得以大量生产，利润也有了保证。其实，Swatch原本是瑞士钟表制造商SMH集团旗下的一个子品牌，因为Swatch手表取得了巨大成功，集团将名字改为Swatch，可见整合营销给企业带来了多少效益！

（二）雀巢Nespresso的分离管理

什么时候两种商业模式应该分离管理呢？可以从两个方面进行考虑：一是两种商业模式的市场与战略相似程度较低，二是两种商业模式的组织架构等方面存在的冲突较大。冲突越大，说明协同效应就越小，就越适合分离策略。我们以雀巢旗下的Nespresso胶囊咖啡为例。

1976年，年轻的研究员Eric Favre申请了一项专利，将其命名为Nespresso。使用Eric Favre的专利技术，只要有一台专属的意式特浓咖啡机，就可以轻松获得一杯和餐馆质量一样的意式特浓咖啡。雀巢是以速溶咖啡见长，这项专利正好补齐了雀巢在现磨咖啡上的短板，雀巢对此表示出了极大的兴趣，成立以Favre为首的行动小组，对这项专利查漏补缺，并推向餐馆市场，但效果令人失望。

1986年，雀巢依然对Nespresso念念不忘，成立了一家全资子公司Nespresso SA，并参股了一家咖啡机制造商，试图通过办公室市场来推广Nespresso，结果依然是失败。

1988年，Jean-Paul Gaillard上任CEO后，对Nespresso采取分离管理策略。一方面，转变目标市场，从办公室转向高收入家庭，并通过邮寄方式，进行胶囊咖啡售卖；另一方面，改变原有销售渠道，采取线上、线下相结合的销售方式。线上通过互联网销售，线下在香榭丽舍设立店铺，在高档商场设立专柜。

其实，雀巢与Nespresso在商业模式上是不同的，在战略上的冲突也很大，雀巢主打速溶咖啡，消费群体是大众，而Nespresso定位为高端品牌，消费者群体为富有而又年轻的专业人士；雀巢通过超市销售，而Nespresso则选择专门的俱乐部做分销商；雀巢是快节奏的消费品业务模式，而Nespresso的业务模式类似奢侈品制造商。

Jean-Paul Gaillard采取分离管理模式，建立新的业务单位，正确的措施得到了市场的认可，Nespresso在2000—2008年实现了年均35%以上的增长率，成为雀巢咖啡里创利润最高的品牌。

商业模式复制条件之四：优秀职业经理人操刀全过程

职业经理人是实现"诺曼底登陆"的司令员

1944年6月，盟军登陆诺曼底，开启了解放欧洲本土的战争，加速了纳粹德国的灭亡。艾森豪威尔上将是指挥诺曼底登陆的盟军最高司令，也是第二次世界大战时期盟军获胜的最大功臣之一，在诺曼底登陆的战役中作出了杰出的贡献。

如果让艾森豪威尔穿越到现代企业中，他的角色就是职业经理人。职业经理人是与企业所有者相对应的企业经营管理者，是老板的左膀右臂，也是企业发展战略的参与制定者，又是战略执行的第一环，起到了承上启下的关键作用，上承企业战略，下启战略执行团队。因此，在商业模式复制的过程中，优秀的职业经理人是必不可少的条件之一，一个合格的职业经理人，是实现"诺曼底登陆"的司令员。

（一）职业经理人在企业中的作用

2021年1月19日，胡润研究院发布《2021胡润中国职业经理人榜》，列出了前50名中国最成功的职业经理人。

表2-1 《2021胡润中国职业经理人榜》前十名

排序	姓名	财富（亿元人民币）	涨幅（%）	公司	年龄（岁）	居住地
1	程雪	650	103	海天味业	50	伊山
2	刘炽平	290	71	腾讯	47	深圳
3	井贤栋	175	465	阿里系	48	杭州
4	张小龙	140	27	腾讯	51	广州
5	邵晓峰	135	193	阿里系	55	杭州
6	潘刚	130	73	伊利	50	呼和浩特
7	杨利娟	125	67	海底捞	42	北京
8	方洪波	110	38	美的	53	佛山
8	张勇	110	139	阿里系	49	杭州
10	童文红	105	156	阿里系	50	杭州
10	吴振兴	105	新	海天味业	51	佛山

其中，海天味业50岁的程雪以650亿元财富成为"中国职业经理人首富"，成为中国最成功的"打工皇帝"。从其收入中，我们也可以看出职业经理人在企业中的重要地位。职业经理人在企业中的作用主要包括以下几个方面。

1. 确立目标，树立发展规划

职业经理人要让员工对企业的目标有一个清晰的认识，并达成共识，树立一个清晰直观的发展规划，有利于激发和调动员工的积极性，让员工们团结一致，为了共同的目标团结奋斗。

2. 为企业创造最大的价值

职业经理人最重要的任务就是为企业创造价值，排在《2021胡润中国职业经理人榜》第二位的刘炽平，于2005年加入腾讯，担任公司首席战略投资官一职，负责战略、投资、并购和投资者关系方面的工作，现任腾讯公司执行董事、总裁。他加入腾讯后，使腾讯在门户、游戏、互联网增值服务领域得到迅猛发展，成就了腾讯的黄金5年。

要为企业创造最大价值，职业经理人必须是某一个行业或者领域的专家，不仅自己是能人，还能够领导团队，总之应该是个全能手。

3.组建团队，带出优秀队伍

无论职业经理人多么优秀，独木都无法成林，必须通过组建团队，带出优秀的队伍，才能让企业快速发展起来。一个优秀的职业经理人，会发现每一个员工的潜力，人尽其才，使团队发挥出最大的价值。

4.具备自主创新的能力

自主创新是企业发展战略，职业经理人在现代企业中担任着双重角色，既是创新战略的主要设计者，又是创新活动的组织者，在企业自主创新活动中起着核心作用。他们善于运用科技资源、智力资源，提升创新能力，推行以人才为核心的创新管理模式，建立以人为本的企业文化，为企业的发展储备后备力量。

除此以外，职业经理人必须有高瞻远瞩的战略思想，审时度势，不断修正企业的发展目标和经营策略，建立平衡机制，塑造企业文化等能力。总之，职业经理人必须是一个帅才。

(二) 腾讯公司的职业经理人策略

众所周知，马化腾是中国最大互联网公司腾讯的CEO，却很少有人知道他还是腾讯人力资源管理执行委员会负责人。马化腾对人才的培养和管理的看重，其中职业经理人策略是最值得称道的。

1. 平衡创始人与职业经理人的关系

在中国互联网公司，创始人与空降职业经理人之间的平衡关系一直是个难题，有不少公司出现创始人与职业经理人发生激烈冲突的情况。如网易公司的创始人丁磊和搜狐的 CEO 张朝阳都曾引入职业经理人，但最终都因无法融洽地相处，不得不将职业经理人驱逐。在这方面腾讯给我们树立了典范。

在腾讯公司，无论是高层团队还是中层管理，都需要"备份"副手。腾讯共有 5 位创始人，分别是马化腾、张志东、曾李青、许晨晔、陈一丹（目前只有马化腾和许晨晔还留在腾讯公司）。在公司的决策上，腾讯每两个星期召开一次总裁办公会议，参会者为 5 位创始人，以及各核心业务部门的主管，人数不超过 12 人。后来，腾讯不断壮大，员工人数超过 2 万人，总办会的参与者才增加到 16 人。

在腾讯公司里，总裁办公会是非常重要的会议制度，在最核心的 12 人决策中创始人与职业经理人各占一半。创始人与职业经理人权力平衡在腾讯高管中表现得非常明显。

2. 推行"辅导年"项目

马化腾曾说过："我面临的最大挑战就是人才奇缺，这让人很头痛，我们一直很欢迎优秀的人才加入我们，大家一起闯一番事业。"从 2005 年开始，腾讯公司不断地引入职业经理人，补齐腾讯的短板，有意识地让这些职业经理人与创始人形成"双打"，让腾讯公司保持激情与活力。

腾讯公司还推行了非常个性的"辅导年"项目。所谓的辅导年就是要求各级的领导，运用标准化工具和流程，对下属的业绩和发展提供教练服务。该项目先从腾讯公司的最高层开始，取得良好效果后，从高层、中层逐层向下普及。

为了确保"辅导年"项目的顺利推进，人力资源部设计了高层论坛，并定制辅导课，在内网开设辅导专区，这些工具帮助公司创始人和高层能为下级现身说法做辅导。"辅导年"项目既为公司储备了领导人才，又促进了企业文化的发展，一举两得。

3. 使用雷达图评估员工的综合能力

腾讯公司会借助简单有效的工具，对高级人才的能力进行评估，雷达图就是其中之一。雷达图多维度的综合评价方法，一方面使腾讯公司能够评估人才的综合能力的动态趋势；另一方面被考评人也能清晰地了解自己综合能力的变动情况，以及变化趋势，明确自己需要努力的方向。

除了以上三个方面，腾讯公司非常重视高级人才的引入。腾讯公司中有不少高级人才来自硅谷或其他海外国家，为了将这些人才引入腾讯，人力资源部会匹配他们的需求，就像做产品一样，不断优化用户体验，最终使他们愿意留下来，为腾讯发展作出贡献。

职业经理人需要丰富的管理经验

在复制商业模式的过程中，职业经理人是否具有丰富的管理经验，将决定新公司是否能够复制成功，因为职业经理人在企业中起到承上启下的作用，上承企业战略，下启战略执行团队。职业经理人好比带队打仗的司令员，"司令员"的管理能力强，才能将组织部署的战术贯彻实施到位，确保战争的胜利。格力电器的董事长董明珠和前深圳发展银行独立董事法兰克·纽曼就是这样的风云人物。

（一）挽救三家亏损银行的法兰克·纽曼

一个管理经验丰富的职业经理人可以让企业起死回生，法兰克·纽曼就是一个具有这样本领的人。他毕业于哈佛大学经济学系本科，美国银行界工作的20年里，先后让三家亏损的银行（美洲银行集团、美国信孚集团、韩国第一银行），转亏为盈，还解决了深圳发展银行的股改困局。

我们来看一看纽曼的职业经历，这样的履历恐怕在全球的银行界都屈指可数。1993年，纽曼被任命为美国财政部次长，主管美国国内事务，负责金融及监管规则的制定、债务管理以及金融运营管理。

1994年，纽曼晋升为财政部副部长和首席运营官，下辖11个运营机构（包括联邦经济情报局、美国国税局、金融管理局、海关、印务局等）和16万名员工，成为美国财政部"二把手"，具有代表财政部行使、制定国内外经济政策、管理金融服务、推动相关立法等职能，还曾连任财政部副部长。

在此期间，纽曼参与了经白宫协调的一系列经济政策，是美国金融稳定小组的重要成员，多次出现在参、众两院的听证会上，并在诸多财政动议中起到了主导作用，其中最重要的成就是对墨西哥金融危机作出的应对措施，引入现代化的货币。鉴于纽曼的杰出贡献，美国财政部将最高荣誉——亚历山大·汉弥尔顿奖，授予了他。

每一次经历，都是一个宝贵的经验，积累一身经验的纽曼，练就了一身本领。2004年5月，中国商业银行中排名倒数第一的深圳发展银行，成为中国第一家由外资控股的本土银行。2005年6月，纽曼出任深圳发展银行代理董事长兼首席执行官。

纽曼入主中国深发展后,很快就意识到深圳发展银行作为前国企,其病根在于"基础管理和业务模式",在"人"和"流程"的管理上不规范。意识到问题之后,纽曼进行了大刀阔斧的改革。

首先,纽曼建立了以首席执行官为核心的管理团队,引进首席官制度,构建条线结合的高管职衔序列。具体措施是,迫使约30名深圳发展银行中层管理人员离开,在全球范围内吸引专业人士,建立内控体系,确立内部控制的垂直管理模式。在现有的高管团队中,由中国本土人士负责了解市场和国情的部门,信贷、风控、财务等管理部门均用海外职业经理负责,这项措施为深圳发展银行的长期发展奠定了基础。

其次,在业务模式上进行改革,深圳发展银行与通用电气进行合作,以零售银行新业务发展为重点,借助外力做好零售业务产品的创新与品牌建设工作。除此之外,纽曼还着手解决深圳发展银行的股改困局。

从2005年6月至2010年5月24日,在纽曼在职的5年时间里,深圳发展银行取得了可喜的成绩。数据显示,2010年第一季度末的存款是2005年初的2.8倍,贷款是2005年初的3.0倍;股东权益是2005年初的5.1倍;不良贷款率从11.41%下降为0.63%;拨备覆盖率从35.5%升至187.5%;资本充足率从2.3%改善至8.66%。2009年全年净利润超过50亿元,为2004年全年的14.8倍,年复合增长率达到了72%。

(二)铁娘子董明珠

格力电器的业务范围非常高,遍布全球100多个国家和地区。格力连续15年位居中国家电行业纳税第一,连续9年上榜美国《财富》杂志

"中国上市公司100强"。如此辉煌的战绩,与董明珠息息相关。

董明珠自1990年进入格力公司以来,通过不断努力终于走上了董事长、总裁的位置。在这么多年的历练中,董明珠对格力作出了非常重大的贡献。

董明珠的管理以强悍著称,她在各种场合与演讲中言语犀利,动作雷厉风行,完全没有作为女性的柔弱,而是一个企业家该有的果断与强势,故而被称为"铁娘子"。

没有规矩不成方圆,任何人在董明珠面前只有一句话:按照制度。制度是标准,谁都不能例外。她在担任经营部长期间,经常看到一些员工在办公室里打闹、吃零食,她便制定了一条纪律——不能在办公场合吃东西。有一次,她看到员工们又在办公室吃零食,正在这个时候下班铃声响起来了,她毫不留情地说道:"你们的嘴在吃东西的时候还没有响铃,所以一人罚款50元!"

那年是1995年,50元钱是一笔不小的数目,员工来求情,被董明珠义正词严地拒绝了,从此没有人敢在上班时间吃东西。董明珠认为公司的治理必须坚守原则,遵守制度,就是自己的亲哥哥都不行。

20多年前,董明珠担任格力空调经营部部长,到了旺季,格力空调供不应求。有一个经销商找到董明珠的哥哥,承诺只要帮他拿到100万元的货物,就可以给他两三万元的提成。当哥哥找到董明珠说明来意后,却被董明珠拒绝了,不管怎么说,董明珠都不答应。

哥哥很不理解董明珠的做法,帮助格力销售空调还有错了?自己也拿提成,岂不是一举两得?可董明珠认为如果找关系能把事情办成,企业就没有了诚信。哥哥非常生气，从此兄妹二人不相往来，直到 2015 年，董明珠哥哥生病，两人才冰释前嫌。

虽然董明珠是一个不折不扣的铁娘子，但对待员工也有温情的一面。2021 年 4 月，"董明珠要求食堂给员工降价"登上了热搜，事情是这样的：董明珠陪实习生去食堂吃饭，觉得 13 元钱的一份麻辣烫太贵，立马将负责人叫过来，要求给员工降价，直言"在这里不允许赚暴利"，希望从用餐方面帮员工每个月省下 200 元钱。

董明珠认为，为企业员工创造良好的社会环境，是一个企业家的担当与责任。因此，她认为作为企业想要更好地管理员工，必须要有好的福利制度。格力电器已解决 1.2 万珠海员工住房问题，基本实现"一人一居室"，同时还从话费补贴、员工重大疾病救助、建立学校等方面解决了员工住房、治病、子女上学等实际问题。

制度与情感、狼性与柔情并存，是"铁娘子"董明珠的员工管理核心，也是格力在电器王国经久不衰的秘诀之一。

熟悉将要被复制的商业模式

大公司的商业模式已经成型，管理体系已经建立，可以请职业经理人来管理，或者由职业经理人将母公司的商业模式复制到新公司，但前提是职业经理人必须熟悉将要被复制的商业模式。那么，如何才能确保职业经理人熟悉将要被复制的商业模式呢？宝洁公司的做法值得学习和借鉴。

众所周知，宝洁公司采用的是内部提升制，即在企业内部培养人才，比如，在中国区空出了一个销售总监的位置，宝洁会如何选择这个销售总监呢？首先会在中国的这些销售副总监里寻找合适的人选，如果没有合适的人选，就会考虑从宝洁的其他公司引入一个总监，总之，在宝洁公司没有空降兵一说。

宝洁为什么会采用内部提升制呢？因为宝洁在从1837年公司成立到1867年的30年时间里，都在为如何留住人才而苦恼。经过研究，宝洁认为留住人才要作好两个方面：一是让员工对企业产生强烈的归属感；二是让员工的价值观与企业的价值观相吻合。显然，内部选拔制度是有利于实现这两个方面的。

不过，只是宝洁公司没有预料到的是，日后它会成为世界上最大的日用消费品公司之一，在全球80多个国家设有工厂或分公司。这样一来，宝洁采用的内部提升制就能确保将母公司的商业模式复制到新建的分公司，让宝洁模式一直延续下去。

宝洁历任CEO都是从初进公司时的一级经理开始做起，他们熟悉宝洁的产品、经营机制，更重要的是，他们对宝洁的文化有百分之百的忠诚，他们与宝洁公司一同成长，一同进步，由此产生的自豪感和主人翁意识可以让公司保持强大的凝聚力。

宝洁公司前任董事长Richard Deupree曾经说过："如果你把我们的资金、厂房及品牌留下，把我们的人带走，我们的公司会垮掉；相反，如果你拿走我们的资金、厂房及品牌，而留下我们的人，十年内我们将重建一切。"毋庸置疑，人才是宝洁最宝贵的财富。

曾任宝洁公司大中华区人力资源部副总监的翟玉燕也是从基层做起，一步步地提升至副总监职位的。1993年，翟玉燕毕业于中山大学管理学院旅游企业管理专业，经过层层筛选后，进入宝洁公司人力资源部工作。入职第一年，她必须熟悉各种项目的工作，此后的五年时间里，她从先后担任公司的培训经理和成都分公司的人力资源经理，到出任宝洁大中华区人力资源部副总监一职，历经13年，充分体现了宝洁内部培养机制的优势。

和翟玉燕有类似经历的还有宝洁公司人力资源部门中职位最高的中国人之一——李育芸，她在宝洁工作了15年，其中有5年被派往新加坡和菲律宾工作的经历。在菲律宾她需要和来自宝洁其他30多个国家的40多个部门的总经理一起工作，团结合作。这段经历使她有信心在全球任何市场或者地区担任人力资源的领导岗位。

曾任北京宝洁技术有限公司总经理的许友年是菲律宾人，截至2009年，他已经在宝洁公司工作了近30年，他的宝洁之旅开启于菲律宾，之后，曾转战美国辛辛纳提、中国台湾和日本，2006年7月来到中国。

从选拔高层继任者的成功率来看，有数据显示从外部挑选继任者的成功率只有一半，甚至更低，而在宝洁的内部提升的体系下，从最基层做起的员工中选拔、培养未来的继任者，成功的概率可达到80%。

每一个能够担任宝洁高级职业经理的人，几乎都在宝洁公司浸染了十年以上，甚至更久。他们深谙宝洁的商业模式，在复制宝洁商业模式上，会有得天独厚的优势。但是，如果他们来到一个新的公司，在面对崭新的商业模式时，就有可能遭遇失败。

1992年加入宝洁公司的熊青云，在宝洁公司工作了23年之久，曾担任宝洁大中华区美尚事业部副总裁、宝洁大中华区市场部副总裁和品牌运营副总裁等诸多要职，是中国培养出来的第一位本土总经理，也是宝洁全球职位最高的本土华人。她见证了宝洁在中国从初创期到品牌鼎盛时代的全部历程，并一手将玉兰油、佳洁士、舒肤佳打造成为知名品牌。

2015年10月，京东对外公布了新高管任命消息，宣布前宝洁中国区美尚事业部副总裁熊青云正式加盟京东，全面负责京东商城市场部工作。当时，熊青云还凭借一封写给宝洁团队的告别信刷爆了朋友圈，在告别信中，她谈到了对市场营销的观点，如"消费者至上，化繁为简""培养并尊重内心的直觉"等观点，在战术层面上，她认为数据非常有用，但在战略层面，一个卓越的市场人的直觉同样可贵。因为有些东西是数据看不到，直觉却可以感知的，比如那些深藏在消费者心里的东西。

然而，在2016年6月，京东集团、京东商城就对外宣布进行新一轮组织架构和人事任命调整，其中入职京东不满一年负责市场工作的熊青云被调离，从负责集团市场部的副总裁调任首席品牌官一职。2017年11月，小鹏汽车宣布了一则高管入职新闻，在新闻中提到，原京东集团高级副总裁熊青云加盟，出任CMO（首席营销官）一职，这标志着熊青云已经从京东集团低调离职。

熊青云在宝洁公司可以如鱼得水，为什么来到京东却无法施展拳脚呢？或许就与商业模式有关，宝洁公司与京东的商业模式是完全不同的，从宝洁跳槽到京东，会有诸多阻力与不适，也可以说是水土不服。比如，从外企走入民企，企业文化也是完全不同的，外企崇尚自由平等的企业文化，更注重对个体的尊重，鼓励员工试错。但民企大多强调老板的权威，强调员工服从领导。此外，熊青云没有在互联网公司的工作经历，这也会给她在京东工作带来挑战。

洞察并把握和商业模式相配套的核心价值观

《论语》中有这样一句话:"道不同,不相为谋。"意思是说意见或者志趣不同的人就无法共事。职业经理人与老板的关系很微妙,就像婆媳关系,职业经理人要得到老板的认可,就必须要洞察并把握和商业模式相配套的核心价值观,简单地说,就是认同企业文化,认同企业文化就相当于尊重老板。这样老板才不会把"媳妇"当外人,婆媳才能一条心。"上下同欲者胜,风雨同舟者兴",因此,价值观的认同是引进职业经理人的前提。

早些年,联想集团创始人柳传志在接受《中国经营报》专访时说道,"职业经理人一定要认可联想的文化,特别是核心价值观,要求职业经理人把企业当自己的命"。美国管理学家詹姆斯·柯林斯、杰里·波拉斯创作的《基业长青》一书中,提出这样一个观点——CEO最好是从企业内部选拔。柳传志非常认同这个观点,他认为职业经理人如果不是从企业打拼出来的话,确实对企业谈不上有深刻的感情,也不太可能尽忠尽职地工作。

如今,联想集团已经成为一家国际化跨国企业,难免会涉及从国外聘用职业经理人的问题,柳传志对这些职业经理人提出的要求是"尽心尽力",这是对职业经理人最基本的要求,然后慢慢地让他们真正认可联想的文化。

在联想,职业经理人必须具备的素质包括三个方面:一是德才兼备,以德为重；二是具备基本观念与角色定位；三是能带队伍。其中第一条"德才兼备，以德为重"的要求就是必须认同企业文化与价值观，即职业经理人应了解企业文化，深刻理解联想核心价值观，明白"知"易"行"难的道理。

联想要求职业经理人要把个人追求融入企业发展目标。融入是一个过程。首先，职业经理人要认同联想的目标追求，为实现公司的目标不断调整个人的目标追求，使自己的行为完全符合公司的要求，从而实现个人与公司的共同发展。

其次，职业经理人要把公司的目标放在首位，当个人目标与公司的大目标发生冲突时，个人目标要无条件服从公司目标，公司的核心价值观是职业经理人必须遵守的行为准则，是与制度等同的软指令。

此外，要想加入联想，职业经理人必须符合联想的"模板"要求，包括有强烈的进取心、事业心；以大局为重，勇于承担责任，开展自我批评；严于律己、宽以待人，有包容度；作风正派，心怀坦荡；有自知之明，能正确地看待自己和他人，不断向他人学习；公私兼顾，大公小私，先公后私，必要时牺牲个人利益；言而有信，做事扎实靠得住；易与他人合作，有吃亏忍让和妥协精神；"堂堂正正干事，清清白白做人，勤勤恳恳劳动，理直气壮挣钱"等。

21世纪，是文化制胜的时代，企业的价值观管理是企业领导人的首要任务，和联想一样，阿里巴巴也在大力培养对公司文化认同度高且业绩出色的人。22年前，阿里巴巴还是一个由18个人初创的电子商务公司，如今已成为拥有横跨电商、金融等多种业务，坐拥众多子公司的世界知名企业。那么，阿里巴巴是如何从一座城池发展成为一片帝国的呢？它的扩张革命始于企业文化，在阿里，企业文化就是公司的生命。

价值观的建设一直是阿里巴巴成长的重中之重，阿里的人力资源副总裁卢洋曾经说过，"如果工作者与公司价值观不符合的话，那么他的能力越大，破坏力也就越大"。在阿里的招聘过程中，曾多次出现因价值观不符而拒绝录用顶尖人才。特别有意思的是，阿里设计了"闻味官"。

闻味官一般是在阿里工作超过 5 年且深知深信阿里价值观的资深员工。他们通过观察求职者的言行，"嗅"出求职者的价值观，并且根据经验，选出那些和阿里价值观相符合的求职者。比如，面试人员会对求职者反复强调阿里的价值观，闻味官在一旁会仔细观察求职者的表情、态度及行为，那些表现出兴趣不高且更关注收入的求职者，首先被淘汰。因为严格考量员工的价值观是否与公司相符，所以，阿里很少出现用人部门急于开展工作而造成"用错人"的情况。

早在 2003 年，阿里巴巴就把价值观纳入绩效考核体系，权重更是占到了惊人的 50%。在考核机制设计上，阿里的考核维度有两个：一个是传统的业绩维度，另一个是价值观维度。这两个维度将员工分成了四种类型：野狗、小白兔、淘汰、阿里人。野狗型，即对公司文化的认同度低但业绩不错的人；小白兔型，即对公司文化认同度高但业绩不行的人；淘汰型，既没有高业绩，也没有价值观的高度认同，这是必须要淘汰的人；阿里人型，对公司文化认同度高且业绩也很出色的人。

对于野狗型和小白兔型的人，阿里会通过考核，让他们进行自我调整，最终成为阿里人，在考核内容和方法上，阿里用的是核心价值观考核,即"六脉神剑":客户第一——客户是衣食父母;团队合作——共享共担,平凡人做非凡事;拥抱变化——迎接变化,勇于创新;诚信——诚实正直,言行坦荡;激情——乐观向上,永不放弃;敬业——专业执着,精益求精。

阿里以六大核心价值观为标准确立了5个层级,每个价值观的层级由低到高,以此构成了价值观考核细则,考核方法采用"通关制":每个方面由5个层级构成,如果其中的第1个层级没有达标,那么即使其他层级都完成了,也会视为不通过。

企业文化尤其是价值观会对员工的行为产生影响,而员工的行为会影响利益相关者的感受,对内影响不同部门、不同个体的互动方式,对外影响企业与企业之间商业活动互动方式。这两种互动的方式将对企业的效率和效益产生直接影响。职业经理人作为企业中承上启下的关键人物,洞察并把握和商业模式相配套的核心价值是硬性要求,如果职业经理人做不到这一点,岂不是上梁不正下梁歪,怎能管理好企业,作好价值观管理,为企业带来效益呢?

第三章 可复制商业模式基本框架

客户细分：企业所服务的是一个或多个客户分类群

客户是一个商业模式的核心，有了客户，企业才得以发展。美国市场学家温德尔·史密斯说："只要市场上的产品或劳务的购买者超过两人以上，则可按照一定准则对其需求加以识别、划分、归类为若干个细小市场，从这些细小市场中选择出自己的经营对象，采取相应对策加以占领。"

温德尔·史密斯于1956年提出了客户细分的概念，客户细分概念的提出与当时的社会历史背景有关。第二次世界大战后，美国众多产品市场由卖方市场转化为买方市场，诞生了新的市场形式，在此情况下，企业营销思想和营销战略发生了变化，企业开始建立以消费者为中心的市场营销观念。

客户细分是指企业在明确的战略业务模式和特定的市场中，根据客户的属性、行为、需求、偏好以及价值等因素对客户进行分类，并提供有针对性的产品、服务和销售模式。

为什么要进行客户细分呢？一是因为顾客的需求是多样化的，二是企业的资源是有限的，企业要想在有限资源的基础上进行有效的市场竞争，就必须满足顾客多样化的需求，进行客户细分就是必然的了。

当下是一个产品过剩的时代，企业要发展离不开客户，我们要把客户按照不同的功能、不同的人群，进行重新细分，没有客户细分就没有差异化可言，客户细分是商业模式中必须要考虑的因素。为了更好地满足客户，企业应按照客户的需求、行为及特征的不同，将客户分成不同的群组，然后针对不同的群组消费习惯，制定出相应的商业模式。

通常我们可以分为大众市场、小众市场和细分市场。要想赢得大众市场，需要依靠价格战，比如某一款洗发水，各个人群都可以用，这就是大众市场消费品。小众市场就是根据产品或者服务满足的是一小部分人群的某种或者某一类特定的需求而进行客户细分。小众市场需要有差异化，还需要重新将客户归类，比如学生教育平板，满足的是学生学习需求，这就是小众市场。

至于细分市场，就是把小众市场再进行更细化的切分，切成多个小众市场。我们可以从下面几点来进行区分。

按照地理位置区分。我们需要满足的是城市还是农村人群的需要？满足的是哪些城市的需求，是一线城市还是二线城市呢？也可以从国家层面来讲，满足的是发达国家、发展中国家，还是贫穷国家的需要呢？比如海南居民，一般不会买冷热空调，因为海南一年四季的气温都很高，所以单制冷的空调更受欢迎。

按照人口特征区分。比如，按照年龄、收入、婚姻状况、性别等进行细分，比如，联合利华全球六大日化品牌之一凌仕，是专为年轻男性设计的品牌，它能让男人更具诱惑力，使其在与女性的社交过程中的表现更出众，赢得对方的芳心。

按照利润的潜力区分。依据二八理论，80%的利润是20%的客户创造的。如果企业用同样的方式去对待20%的客户，利润空间就很难增长，因为这20%的客户有更强的购买力，企业就应该建立新的商业模式满足他们的需求，给他们提供更多的增值服务来增加利润。比如，银行的VIP服务，为高价值客户提供投资服务。

按照价值观生活方式区分。每个人的价值观和取向不同，我们可以把相同相似的价值观或者生活方式的顾客聚在一起，形成一个新的细分市场。比如，高端养生设备的租赁服务，按摩店里的上门服务，航空公司的头等舱等。

按照需求动机区分。比如，育婴服务，现在年轻人都在职场打拼，没有时间带孩子，让老人带孩子又容易养成娇生惯养的坏毛病，于是，就催生了专业育儿师的需求。再比如，有的人买东西只认牌子，认为品牌的东西会更有面子，购买LV包包的人往往就有这样的心理。

按照使用产品服务的态度区分。比如，现有的渠道已不能满足客户需求，或者客户已经不满意现有的渠道了。我们就可以把这部分客户细分出来，建立新的商业模式去满足他们，生鲜配送就是典型的例子。传统超市或菜场现在已经成了大爷大妈购物的专有渠道。年轻人不喜欢那种嘈杂的氛围，他们希望工作之余更好地享受生活，最好有人能把蔬菜直接送到家里来，于是生鲜配送就诞生了。

按照使用的场合区分。比如化妆品的早霜晚霜，就是根据使用时间来做了新的区分。

通过确定每个群组的具体需求，企业就可以调整营销和销售策略，从而从他们的数据中提取真正的价值。正如福布斯（Forbes）所言："你不可能面面俱到。然而，如果你能实施一项明智的细分战略，你可以为一个足够大的买家群体提供正确的解决方案，从而成功地发展你的业务。"

在客户细分方面，做得非常好的企业当数联合利华。联合利华的14个品类的400个品牌畅销全球170多个国家和地区，它是全球最大的冰激凌、茶饮料、人造奶油和调味品生产商之一，也是全球最大的洗涤、洁肤和护发产品生产商之一，家乐、立顿、奥妙、力士、多芬、舒耐、和路雪冰激凌等都已经成长为销售额超过10亿欧元的品牌，每天有高达1.6亿人次在选购联合利华的产品。

那么，联合利华的产品为什么这么畅销、这么大市场覆盖率呢？其原因就在于联合利华十分重视客户细分，具体措施如下。

根据人口统计因素进行客户细分

旁氏专为女性设计，定位是让不同年龄的人都能找到自己的美，凌仕则是专门为年轻男士设计的产品，清扬则提出了头皮、护发"男女区分"的颠覆理念。这些以人口统计而细分的市场使其品牌渗入不同年龄、不同性别的人群。

根据心理因素进行客户细分

夏士莲，了解自然、崇尚自然的个人护理专家；凌仕的使命刺激而有挑战。联合利华设计的一个个销售理念，让不同的人群找到了适合自己的产品，总有一款联合利华的产品，让他有理由购买。

根据地理因素进行客户细分

舒耐是一款抗汗产品，在细分市场时，就考虑到了气候因素，该商品的受众主要是居住在美洲、东南亚深处热带季风气候和热带季风气候中的人群，因为他们的汗液分泌旺盛，产品销量会非常好。

根据行为因素细分进行客户细分

联合利华每年的广告投入高达60亿美元，通过广告扩大知名度，让顾客会去购买旗下产品，然后再通过其产品的优质性来培养出顾客对联合利华的品牌忠诚度。

想想我们是从哪里知道中华、夏士莲、力士、旁氏、凡士林、奥妙、金纺、可爱多、和路雪这些品牌的呢？

在商业领域，有一个非常有意思的现象：互联网的"去中心化"典型特征，正在把大众分解成无数个小众，市场需求从原来的标准化、统一化到模块化，如今已经进入到了"粉尘化"阶段。

如今，我们身处的社会，是一个无比多元化的世界，各种各样的价值观都可以得到尊重，中西方思想交汇碰撞，不同年龄的人有着各不相同的习惯与爱好，即便是小众人群也能够在互联网上找到与自己志同道合的团体……

在社会文化领域，总体上正在经历开放式变革，不管是宗教教徒还是无神论者，不管是同性恋还是异性恋，不管是丁克还是不婚族，不管是现实主义者还是理想主义者，不管是活在当下还是游离在二次元的虚幻世界中……社会文化与舆论即便是对特定身份的人，也变得越来越宽容。

一方面，这种开放式的社会文化变革让人们感受到了更多的自由；另一方面，也让更多人开始自我思考，我是谁，我要做什么，我因什么而不同。今天人们的消费行为，逐渐成为一种寻找自我身份认同的方式或渠道。

购买职场通勤服饰，往往并不是因为缺衣服穿，而是职场服饰恰恰满足了这一类用户关于"职业白领""职场精英"的身份认同；购买奢侈品牌，消费者看重的常常并不是商品的实际使用价值，而是商品可以很好地彰显"优越感""高雅"，这与"我比普通人高一等"的身份认同不谋而合；购买专业跑鞋、户外运动鞋，究其消费行为的根源，也是为了寻找"运动达人""健康活力"的身份认同感。

越是自由、宽松、价值观多元化的社会，大众越是需求寻找身份认同，这就为客户细分提供了坚实的社会环境基础，同时也为企业服务哪些细分客户指明了方向。

价值主张：通过组织要素帮助特定细分客户创造价值

价值主张提供给客户满足其需要的一系列利益，对客户来说什么是有意义的，即对客户真实需求的深入描述。客户价值主张是一种针对竞争对手的战略模式，既有和竞争对手相比拟的共性——相似点，又有比竞争对手更优更好的差异点，以及面向客户的个性化产品和服务策略——共鸣点。

仔细观察，我们会发现市场上有些产品在很短的时间内就家喻户晓了，可有些产品一直不温不火，甚至逐渐走向没落，这是为什么呢？很大程度上是因为犯了思维的错。对于不被用户喜欢，卖得不温不火的产品，企业通常采取的措施是通过加大销售力度来提高销量，从而打败竞争对手，抢占市场份额。其实，要真正作出持续令用户喜欢的产品或者服务，光靠销售策略是远远不够的，而是要认真思考你的价值主张是不是能够占据用户心智。

以星巴克为例，我们都知道星巴克是卖咖啡的，但它的价值主张之一就是星巴克出售的不是咖啡，而是体验。星巴克是一家成立于1971年的美国连锁咖啡公司，也是全球最大的咖啡连锁店，全球范围内有2万多家分店，遍布北美、南美、欧洲、中东、亚太等地区，从1999年星巴克进入北京国贸，至今星巴克在中国一共开了 3600 多家直营店。星巴克旗下零售 30 多款咖啡豆、手工制作的浓缩咖啡、多种咖啡饮料，以及各式糕点，在全球各地，星巴克 1 个星期就可以卖出 4000 万杯咖啡，一个月可销售 2 亿杯。

星巴克卖的是咖啡，但它的价值主张是围绕体验来做文章的，准确地说是小资情调。虽然星巴克会对产品进行标准化设计，从生产、经营到服务流程，都有严格的工厂化标准，但是支撑它成功的核心是维护良好的用户体验。

星巴克前 CEO 和主席霍华德·舒尔茨提出了"第三空间"的理念，"如果说家是最初的或是人与人接触的'第一空间'，工作是人们彼此接触的'第二空间'，那么公共空间，像咖啡馆（比如星巴克）就是我通常所指的'第三空间'。一个介于社交和私人空间之间、介于家庭与工作环境之间的场合，人们可以在这里联络感情，也可以在这里反思自己"。

这个理念推动了星巴克的成长，特色考究设计的门店体验，本土文化打造的情感体验，从消费者角度考虑追求极致的用户体验，将星巴克的品位推向全世界。星巴克通过这种良好的体验，培养出顾客的忠诚度，他们愿意花比同类产品高的价格，来为场景体验买单。

简单来说，价值主张就是给消费者一个理由，"我为什么要买你的"？为什么有的人愿意花上万元去买一个 LV 包包呢？因为顾客觉得值，这个目标市场的消费者最看重的可能是一种身份象征、一种品质、一种炫耀，因此商家就要给他们炫耀的资本。因此，价值主张一定要从消费者的视角出发，真正找到目标用户的痛点需求，只有用户认为你有价值，你才真正有价值。我们可以把价值主张分为十一个类别。

1. 性能

改善产品和服务性能是一个传统意义上创造价值的普遍方法。比如冰箱的卖点，有的是省电，有的是长效保鲜；手机产品的更新和迭代，厂家总会找到一个消费者有需求的点，不断地升级迭代。

2. 定制

现在的消费者越来越追求个性化，因此定制被越来越多的企业当成价值主张核心的点。比如，全屋定制，给消费者提供一站式个性化服务。

3. 服务

现在消费者非常注重服务的品质，企业可以通过帮客户把某些事情做好而简单地创造价值，正所谓术业有专攻。比如，我们在买房子的时候，会委托中介全程代办，既省事又避免了不必要的法律纠纷。

4. 设计

设计精良、设计优美或设计时尚也是价值主张的一个重要点。比如，有人购买手机，就喜欢购买外观好看、设计个性的手机，折叠手机就是一个典型的例子。

5. 创新

创新是企业生存的根本，有了创新，企业才能获得更好的发展，满足客户从未感受和体验过的全新需求就是价值主张之一。比如，苹果手机推出的滑动的触屏方式；微信的推出，都带给人们一种全新的体验。

6. 价格

以更低的价格提供同质化的价值是满足价格敏感客户细分群体的通常

做法。比如沃尔玛天天低价、联邦快递，以及大众点评、美团网等，都是通过价格来满足消费者对顾客物美价廉的需求。

7. 削减成本

帮助客户削减成本是创造价值的重要方法。比如二手车瓜子网，没有中间商赚差价，去掉中间环节，降低顾客购买所谓商品服务的成本，这也是很重要的一个价值主张的核心要素。

8. 品牌地位

当下是一个品牌的时代，客户可以通过使用和显示某一特定品牌而发现价值。比如人们愿意买奔驰、买宝马，愿意佩戴劳力士手表，这是因为品牌意味着身份和财富的象征，因此品牌地位也是价值主张一个非常重要的基点。

9. 风险控制

当客户购买产品和服务的时候，帮助客户防范风险，也是为客户创造价值，这是一个很重要的价值主张。比如，我们购买汽车时，通常会免费保养三年，购买二手车时，为买家提供为期一年的服务担保，就能规避在购买后发生故障和修理的风险。

10. 便利实用性

使事情更方便或易于使用，就可以为顾客创造客观的价值。比如笔记本电脑，让我们实现了移动办公；手机软件提供音乐下载，想听歌曲，就不需要购买光盘，也无须在电脑上下载；苹果公司的 iPod 和 iTunes 就为用户在搜索、购买、下载和收听数字音乐方面提供了前所未有的便捷体验。

11. 可达性

把产品和服务提供给以前接触不到的客户是另一个创造价值的方法，企业生产出来的产品或者服务，不能高不可攀，应考虑客户是否能够很便捷地就能获取，比如农村快递，这也是商业模式创新的一种体现。

总之，价值主张不是一个公司或产品的介绍，不是使命宣言和广告词。很喜欢这样一句话：顾客不是想买一个直径五毫米的钻孔机，而是想要一个直径五毫米的钻孔。这句话的意思是说，用户需要的不是产品或服务本身，而是这个产品或服务背后所带来的价值，好的价值主张一定从用户视角出发，并且与你的核心资源是匹配的。

渠道通路：通过沟通、分销和销售渠道向客户传递价值主张

再好的产品和服务，都需要用它的价值主张，去满足我们经过顾客细分的群体，那么，我们通过怎样的途径或者渠道来传播我们的价值主张呢？这就涉及渠道通路的问题。渠道通路是指商品和服务，从生产者转移到经销商，再由经销商转移到消费者的过程。

渠道通路为客户更好地了解公司的产品或者服务提供了机会，可以帮助客户评估企业的价值主张，方便客户购买产品或者服务，向客户提供售后服务等。渠道通路分为直接渠道和间接渠道。

直接渠道分为三种：第一种是销售人员通过推销或者营销方式，直接

向客户销售；第二种是建立网络平台，直接向消费者施加影响，来销售产品或者服务；第三种是通过店面、商铺、连锁店等实体店进行营销。

比如，苹果在中国就建有直营渠道和直供渠道。直营渠道的标识为Store，由苹果公司自行经营；直营店一般建设在一线城市的核心商圈。

直供渠道分成三个等级，分别带 Premium、shop 及没有标识，由苹果公司直接供给产品。其中，标识 Premium 的是苹果优质经销商（Apple Premier Reseller，APR），主要包括英龙华辰、酷动、iSpace、I-ZONE、鸿华世纪等几家优质经销商。国美、苏宁、大中、宏图三胞等家电连锁一般标识为 shop，直供店主要覆盖一、二线城市。

间接渠道是指我们和代理商、经销商或者批发商来合作，通过他们将产品或服务送到消费者手中。除此之外，也可以和合作的店面或者商铺及所谓的第三方合作，比如常见的加盟方式，很多连锁机构都属于这种方式；旅游公司与酒店的合作，就是利用酒店的环境达到宣传自己产品的目的，也属于间接渠道。

选择直接渠道和间接渠道，企业要作好权衡，当然也可以两者兼而有之，但一定要处理好与间接渠道的关系，不然很容易引发矛盾，格力与国美因渠道问题就曾引发激烈的冲突。

早在 2004 年，在空调销售旺季到来之前，成都国美电器在未征得格力四川销售公司的同意下，擅自将格力的两款产品价格分别下调 680 元和 1000 元。董明珠得知后，当即致电四川分公司负责人，要求其向国美提出"即刻停止降价行为，并向格力致歉"。国美电器虽然表达了歉意，但随后向国美所有门店发出紧急指示，要求停止销售格力的一切空调，"格美大战"一触即发。

在国内空调市场，格力向来以老大自居，而国美更是名副其实的家电连锁大佬，"格美大战"的根源是什么呢？从表面上看，双方争论的是要不要降价问题，其实质是产品的进货渠道问题。家电生产企业的产品销售在不同时期有不同的路径，在当时基本上有两种模式占据主导地位：一种是产品从生产厂家生产出来后，经销售公司和分公司的分销，到零售商，最后到客户模式；另一种是产品从生产厂家出来，直接进入城市的连锁零售商，然后到客户的模式。

格力和国美分别是这两种模式的代表，格力从20世纪90年代中期就建立了"格力渠道模式"，即格力采取在每个省与当地经销商合资建立销售分公司的办法，将经销商的利益与自己的利益捆绑在一起。格力生产总部统一对各省级销售公司发货，各省级销售公司再向一级经销商发货。

格力的销售在最初确实起到了积极的作用，但随着连锁超市的兴起和产品利润的不断下降，超市开始改变原来的销售通路，不经过分销商，直接从厂商进货，这就是国美的要求模式。显然，这与格力的销售模式是背道而驰的，这就是"格美大战"的根本原因。

我们要想通过渠道通路，将价值主张传递给消费者，让消费者来感受到我们的价值主张，还要有很好的顾客忠诚度，来产生持续的购买服务。在这个过程中，我们可以将渠道划分成四个相互独立的阶段。

1. 知名度的构建

有了渠道之后，我们要思考如何扩大我们产品和服务的知名度，因为知名度是构建品牌的基础，有了知名度，消费者才愿意去了解我们的产品或者服务，因此知名度是渠道环节中很重要的一环。

2. 宣传价值主张

如何让消费者影响更多的消费者，通过渠道来评价我们的价值主张。iPhone 在这方面一直是佼佼者，在 iPhone 发布之前的很长一段时间里，网络上经常能看到有关 iPhone 手机的谍照、功能介绍、技术的详细信息，尽管 iPhone 还没有正式发售，但已经在网络上掀起了轩然大波，持续的热潮让 iPhone 成为网民们关注的焦点。

iPhone 手机发布后，苹果公司只对基本技术革新、功能做了简单介绍，其他的一概不提，这极大地调动了消费者的好奇心，他们会通过电话、邮件与相关部门、媒体联系，询问信息，造成 iPhone 人气再一次飙升。

3. 消费者购买

购买过程是非常愉快的，购买完成后，就等于将我们的价值主张传递给了消费者，当然，我们还需要向消费者传递产品理念和品牌核心概念。

消费者在购买的过程中，让他们有一个非常舒适的体验也是非常重要的。我们走进苹果零售专卖商店，就有人为我们提供服务，向我们介绍苹果所有的产品，而且不会让我们有必须购买的压力感，这种其他商店所没有的服务与气氛，是苹果商店让人愿意持续造访的原因。

此外，苹果零售专卖商店的设计也营造出舒适的气氛，其设计以简单优雅为主，灯光也选择柔和色系，让人进入商店，就想多待一会儿，为购买创造了机会。

4.传递价值主张

这是通过渠道通路,来实现价值主张更深一步的传递,有了这样的传递之后,再为客户提供售后支持,从而建立社区的关系,建立消费者的满意度调查等。iPhone的售后一直都做得不错,但在2017年的时候,苹果又调整了售后策略,手机坏了不用修,直接给顾客更换新手机,这对iPhone用户来说,绝对是福音。

经过以上几个环节,渠道通路才能通畅。渠道的目的是把价值主张宣传给消费者,让顾客有很好的体验,对产品产生忠诚度,才能慢慢地建立起品牌。

当下的渠道是多元的,有传统渠道,有创新渠道,也有直接渠道和间接渠道,哪个渠道最节约成本,哪个渠道最有效,这些都是企业必须要考虑的问题,因此商业模式中渠道通路是非常重要的。

客户关系:在每一个客户细分市场建立和维系客户关系

客户关系是指企业为达到其经营目标,主动与客户建立起的某种联系,这种联系可能是单纯的交易关系,也可能是通信联系,也可能是为客户提供一种特殊的接触机会,还可能是为双方利益而形成某种买卖合同或联盟关系。

客户关系决定了企业通过什么样的方式来引领顾客消费,让消费者产生怎样的情感，我们与客户如何进行互动。企业在谈及与客户关系时，既需要不断地开发新客户，建立一种新的客户关系，又要维护老客户，巩固一个老客户远比开发十个新客户要来得更直接更有效，所以一定要维护好老客户，善待老客户；增加单体，如何让产品附着服务有更多的人来消费，提高销量，同时提升价格，从而实现良性循环。

从市场的角度来看，每一个客户都可以看作一个细分市场，如何有针对性地向客户提供产品或者服务，如何把握客户的需求，并快速地做出反应，已经成为当今企业竞争的焦点。与客户建立伙伴关系或建立战略联盟，已成为许多企业的服务重点。

根据我们不同的价值主张，我们与客户的关系可以分为个人助理、专用个人助理、自助服务、自动化服务、社区、共同创作。

个人助理

这种关系类型基于人与人之间的互动，我们可以通过销售人员或者平台将商品销售出去，比如通过呼叫中心、电子邮件或者其他销售方式等个人助理手段进行。

在戴尔可见到仓库式的办公环境，数百个头戴电话耳机的电话销售代表紧张忙碌地和客户交谈，每天处理成千上万个电话，把电脑直接卖给客户。客户可以使用免费的固定电话与戴尔的销售代表建立联系，戴尔为客户提供24小时全天在线服务，同时还支持微信在线咨询，为客户提供技术支持。

专用个人助理

这种关系类型包含了为单一客户安排的专门的客户代表,是层次最深、最亲密的关系类型,通常需要较长时间来建立。比如,银行的私人客户经理,保险公司的私人保险理财顾问等,就是专属的私人服务。

2010年7月,花旗银行(中国)有限公司在上海宣布推出"私人客户业务",服务对象为银行资产800万元人民币以上的高净值人群,为他们提供贴身财富管理服务。该项服务采用精英团队的服务方式,精英团队由多名经验丰富的顾问组成,包括财富管理顾问、房贷顾问、保险顾问和企业银行顾问,为每位私人客户提供全方位的优质服务。

花旗银行私人客户业务是基于了解客户个人和企业的整体资产状况之上,运用一系列的金融产品和服务来帮助客户确定投资组合结构。享受花旗私人客户业务的客户,将受益于注重全方位资产组合的财富管理策略,这些策略是根据客户的风险偏好和财富管理目标而制定的。客户可选择花旗银行广泛的产品,包括交易型业务、投资产品和企业银行业务,还有全球一流的研究和咨询服务,以及充分利用花旗无可比拟的全球银行网络。

另外,得益于花旗银行遍布全球的网络优势,花旗银行私人客户将尊享一系列的全球专属礼遇,包括专属钻石借记卡,花旗环球银行礼遇。客户还能进入600多个国际机场的贵宾休息室,尊享花旗银行名医会诊,全球豪华礼宾服务等各种礼遇。

自助服务

在这种关系类型中,一家公司和客户不存在直接关系,只为客户提供自助服务所需要的条件。比如自助银行服务,不受银行营业时间和空间的限制,具有方便、灵活、保密性良好的优点,客户可通过各种设备,自助办理存款、取款、转账、缴费、证券、基金、存折补登以及修改密码、综合查询等金融业务。

自动化服务

这种关系类型整合了更加精细的自动化过程,用于实现客户的自助服务。也就是说,我们可以通过一个便捷的复杂的体系与客户形成互动,我们不需要太多的讲解和私人服务。

比如,最美证件照 App,是一款用于制作证件照片的工具,通过 O2O 模式,为用户提供简单、方便、好用的证件照制作、冲印实物服务。客户只要在证件照相机模式下,按要求在拍摄辅助线内找准位置,该软件就能自动扫描,生成原始照片。如果对照片不满意,我们可以进行背景处理、人像美颜、去除杂物等操作。另外,它还能提供多套男、女正装素材。

社区

我们将产品卖出去,只是销售的第一步,我们要把客户变成我们的粉丝,产生持续的消费,这就需要建立社区式的服务关系,建立社区、论坛、粉丝群等。

目前,越来越多的公司利用用户社区与客户、潜在客户建立更为深入的联系，并促进社区成员之间的互动、交流，解决彼此的问题。此外，社区还可以帮助公司更好地理解客户需求。

戴尔就是一个成功地运用了客户社区的企业。在2005—2006年，戴尔的销量曾一落千丈，戴尔公司经研究后，开展了通过社会化媒体和在线社区来拉动客户的策略，开设戴尔客户社区（主要作为客户的售后服务和回馈）、Dell Idea Storm（让用户提出一些新的创意和建议）、Direct2Dell（戴尔的企业博客）。同时，戴尔电脑也利用Facebook和Twitter与更多用户互动，通过用户的提议给戴尔带来了很多产品上的变革。

共同创作

许多公司超越了与客户之间传统的客户—供应商关系，而倾向于和客户共同创造价值。小米手机就是一个非常棒的例子。小米最开始做MIUI时，首先搜集网上所有对主流手机和安卓系统不满的信息，进行数据分析，找出共性的痛点，然后有针对性地改进。

经过长时间的运营后，小米发布第一版测试，但没有钱做推广，就将最初100个参与MIUI系统反馈最多的粉丝姓名放在手机启动屏幕上，并且标榜他们为"小米手机的一百个梦想赞助商"，这100个人就成了小米第一批最珍贵的种子用户，也是小米口碑传播的起点。接着小米社区、米聊论坛等发挥了非常大的作用，依靠口碑传播，2011年时MIUI已经拥有了50万名发烧友。2013年，小米拍了部微电影，把这100个人的名字印在了电影里的赛车上，名字就叫作《100个梦想的赞助商》。

《100个梦想的赞助商》，是由小米科技公司于2013年米粉节献给广大小米粉丝的一部诚意之作。这是一部非常励志的微电影，曾在豆瓣、B站等多家网络平台上引发广大网友热议。故事的主人公，是一个名叫舒赫的洗车工，他只有一辆捷达车，却梦想着成为一名专业的赛车手。几百万元一辆的赛车，对于一个收入微薄的洗车工来说，无异于天方夜谭。但舒赫没有放弃自己的梦想，他在100个梦想赞助商的帮助下，成功成为一名赛车手，并最终赢得了比赛。

"参与感"一直是小米模式的核心理念，以MIUI社区为例，这是一个平台交流的社区，借助这一平台，小米MIUI研发人员与无数手机系统开发爱好者建立了联系，大量开发者的参与让小米手机的系统使用起来更顺手、更舒适。此外，小米手机的"百万壁纸"事件，也是一个非常典型的参与共建做法，当时有成千上万的专业摄影师参与进来，只要图片能入选小米手机的壁纸，就可以拿到高达百万元的酬金。高昂的酬金，大大激发了大众的参与热情，也大大改善了小米与广大客户的关系。

在互联网数字时代，客户关系直接事关商业模式的成败。精准地留住客户的数据，和客户进行长期互动，与客户建立更加密切的关系，尽可能提高客户的复购率，这是互联网商业时代的不二法则。如今的大数据技术，为企业搜集和分析用户数据、打造高质量的数据资产提供了极大便利。

京东、当当、拼多多、今日头条等，无一不实现了"千人千面"功能，即根据每个客户的搜索习惯、浏览习惯等推送其可能更感兴趣的商品或内容，如此"个性化"的服务，其实现基础就是大量客户数据。

在越来越透明的互联网信息环境中，一个可复制商业模式，应当主动追求一种双向透明的新环境，让客户能够参与经历、体验品牌发生过程中的绝大多数事务，并以此来增加客户的黏性和忠诚度，让客户生命周期价值最大化。

前雅虎营销副总裁高汀在《紫牛》一书中指出："具有生命力的产品或服务应该像黑白奶牛群中冒出的紫牛一样，让人眼前一亮——只有拥有与众不同的产品或者创意，你才能在市场中处于领跑者的地位。"在数字时代的今天，仍有不少传统的企业还在死磕营销，但聪明的企业早已经开始复制带有互联网基因的成功商业模式。

硅谷科技思想家、《连线》杂志创始主编凯文·凯利，被人们亲昵地称为KK，他在《技术元素》中的那篇《一千个铁杆粉丝》广为人知。凯文·凯利认为："要成为一名成功的创造者，你不需要数百万粉丝。为了谋生的话，作为一名工匠、摄影师、音乐家、设计师、作家、App制造者、企业家或发明家，你只需要1000个铁杆粉丝。"

那么什么样的粉丝是"铁杆粉丝"呢？对此，凯文·凯利的定义简单而直接，即"购买你任何产品的粉丝"。从商业或营销的专业角度来说，"铁杆粉丝"实际上就是让客户生命周期价值最大化的一种产物，人们常说的"粉丝经济"，就是建立在开发客户生命周期最大价值基础之上的一种崭新的商业模式。

收入来源：收入来源产生于成功提供给客户的价值主张

如果把客户比作商业模式的心脏，那么，收入来源就相当于动脉，收入来源产生于成功提供给客户的价值主张，简单地说就是什么样的价值主张能让客户愿意付费。通常来说，企业的收入来源主要有以下几个方面。

经营性收入

经营性收入是指纳税人通过经常性的生产经营活动而取得的收益，即企业在销售货物、提供劳务以及让渡资产使用权等日常活动中所产生的收入，通常表现为现金流入、其他资产的增加或负债的减少。

经营性收入是实体项目最常见的营收形式，传统商业模式都以此为主要营收类别，比如，汽车销售、手机销售、钢材销售等。

投资性收入

投资性收入是指企业或个人对外投资所得的收入(所发生的损失为负数)，如企业对外投资取得股利收入、债券利息收入以及与其他单位联营所分得的利润等。

投资性收入是投资公司常见的收入来源，广义投资公司是指使用多种资金并根据投资目标进行合理组合的企业组织。其业务范围包括购买企业股票和债券、参与企业的设立和经营活动、提供中长期贷款、经营国内外政府债券、资金管理等。项目投资就是其中一种盈利模式，有些项目是联合投资或分包的，或者引进合格的企业，从中获得很好的回报。

资产性收入

财产性收入也称资产性收入，是指家庭或者企业通过其所拥有的动产、不动产等所获得的收入，包括品牌、股权、资本增值、未来的收益等。

商标收入是典型的资产性收入中的一种。1994年，孟凯在深圳开办了第一家餐馆，1997年，正式打出了"湘鄂情"品牌，该品牌一度成为中国高端餐饮的代表。2014年，湘鄂情亏损额超过6亿元，为了筹集资金还债，孟凯只能变卖商标自救。最终，"湘鄂情"系列商标以1亿元的价格转让给了深圳市家家餐饮服务有限公司，后者以"湘鄂情"品牌开始运作餐饮项目。

章鹏飞，现代联合控股集团有限公司董事长。现代联合控股是浙江省一家民营企业，1996年，章鹏飞成功注册"现代"商标，2002年，北京与韩国现代汽车上市后，深受市场好评，但此时"现代"商标早就被浙江现代集团注册，并且覆盖了近43个商标类别。

为了收购"现代"商标，北京现代董事长亲自登门造访章鹏飞，经多次协商，最终章鹏飞同意将"现代"商标在第12类(汽车类)的专用权转让给北京现代。章鹏飞也因此获得了北京现代在浙江的总经销权，估值

4000万元，在运营4S店当年，章鹏飞就营收了4亿元。

产品或服务的计费使用收入

为客户提供特定产品或服务，并不以销售为营收方式，而是以计费使用的形式收取费用。如租赁充电宝、共享单车等都是以计费的方式赚取收入。

其实，收费服务早已有之，比如家政服务、律师咨询等。但在互联网时代服务的类型变得更加多元化，服务类型包括产品、信息、功能、技术、知识、咨询等，比如，阿里云服务器（功能）、友盟（技术、数据）、网易云课堂（知识）、在行（咨询）。

大家比较熟悉的百度网盘，就属于产品或服务计费使用收入的一个典型代表。2020年1月，百度网盘新年推出会员优惠。百度网盘天猫旗舰店超级会员卡（12个月）活动价是255元，活动截止时间是2020年1月2日上午10点。另外，百度网盘天猫旗舰店还有超级会员季卡（3个月），售价68元。百度超级会员特权包括5T超大空间、视频播放高速通道、极速下载、视频倍速播放、单次转存5万文件、在线加压8GB内压缩文件、手机视频备份、广告特权、音频倍速播放、回收站有效期30天等。此外，百度网盘会员享有在线解压2G内压缩包，超级会员享有在线解压8GB内压缩包，均支持解压加密压缩包。

广告收费

这种收入来源于特定的产品、服务或品牌提供广告宣传服务。传统媒体行业、会展行业、软件和服务行业均以此作为主要收入来源。

在Google创立之初，Google的两位创始人拉里·佩奇和谢尔盖·布林就认识到，在互联网时代，让人们很容易免费上网并方便地找到他们想要的东西将成为互联网时代之王。"方便"和"免费"奠定了谷歌的广告营收模式。

在谷歌的核心业务中，85%左右的营收来自互联网广告业务。2002年，谷歌全面采用竞价排名的方式进行广告拍卖；2003年，谷歌推出Adsense，做广告流量联盟；2006年，谷歌收购广告技术服务公司DoubleClick，优化广告网络结构；2009年，谷歌布局移动广告业务，收购移动应用提供商Admob，即为移动版的Adsense，主要负责投放广告到中小App的空闲广告位；2015年，谷歌推出UAC，为App类广告主量身定制广告投放的全链路解决方案。

由此可见，谷歌在PC时代和移动时代，其广告业务的盈利模式都非常清晰：一方面通过旗下高用户、高流量产品出售广告位；另一方面通过做广告联盟匹配广告主和中小网站、中小App、媒体网站等流量主，占据广告长尾市场，从中赚取佣金。

会员制收费营收

很多产品和服务不给自身进行价格定位，而是捆绑在会员体系中，成为会员的独享产品或服务，营收来自会员制的月费或年费。以海底捞的会员制和健身房的会员制为例。

海底捞的会员制，是将消费者在店内的消费金额、频次等换算成成长值，并根据成长值划分为"红海会员""银海会员""金海会员""黑海会员"等级别，不同级别的会员可享受不同的优惠折扣和增值服务。

健身房的会员付费制，需要用户预付费，用户提前支付一年的费用，就可以换取更低的折扣，但这需要持续吸纳会员，才能维持健身房的持续输出，还得确保前期办理的会员有计划性地少来。私教费用则是不同的模式，会员交多少钱就上多少节课，教练只有督促会员来上课，会员才能持续地交费，课没有上完，就不好缴费了。

中介收费

顾名思义，中介收费就是中介服务收取的佣金，比如房地产中介，还有股票经纪人等都是收取其产生的佣金。以贝壳找房为例，自营链家品牌的二手房买卖和租房的交易佣金，以及链家和其他品牌中介在贝壳合作撮合交易中的分红，就是收入来源之一。

除了以上收入来源形式以外，还有订阅收费、授权收费、使用收费、经纪收费、租赁收费等几种企业收入来源。

核心资源：重要资源和能力的分布及获取和建立

要保证一个商业模式能够顺利地进行下去，需要很多核心资源。核心资源是使企业组织能够创造和提供价值主张、接触市场，与客户细分群体建立关系并赚取收入的重要资源。那么，商业模式关联的核心资源包括哪些呢？

生产资源、实物资源

企业需要有自己的生产设备、厂房、办公场所等，这些资源称为实物资源，实物资源是保证企业能够继续运营下去最核心的资源，若没有这些资源，企业难以把人才、资金等其他要素组合在一起，因此，实物资源非常重要。

腾讯、阿里、百度等都是实力雄厚的大公司，在北京、上海、广州、深圳都建有自己的大厦。2009年8月24日，腾讯第一座自建写字楼——深圳腾讯大厦落成，腾讯总部入驻办公。该大厦的落成标志腾讯在完善全业务战略布局的同时，也进一步完善了涵括研发、运营、创新和职能等基地的全国布局。2009年上半年，成都腾讯大厦和上海腾讯大厦先后正式启用，加上早在2005年购置的北京腾讯公司楼层，腾讯公司的布局已经形成南北中轴、东西两翼的分布态势，成为支撑公司业务发展的重要基石。

金融资源

在成本不断上升的当下，拥有金融资源的企业就能在市场竞争中占有一定的优势。没有金融资源的支撑，企业现金流就会很弱，在一定程度上，都属于一种很难接济或者是一种断流的状态，企业的生存都受到威胁，更不用说发展了。

2019年8月，苹果公司正式面向消费者推出了其虚拟信用卡Apple Card。它与传统的信用卡不同，每一部iPhone将对应一张虚拟卡，但没有传统的信用卡卡号。不过，用户也可以申请领取一张实体的Apple Card，卡片上印有用户的名字，但无数字编号。

Apple Card的发行银行是高盛，以万事达卡的全球支付系统作为支持。Apple Card在全球范围内都可以使用，不会收取年费，并且支持国际免费转账。最重要的是，没有逾期还款的罚款。有专家预计，在第一年Apple Card的普及率可能会很低，但到2023年，Apple Card可能给苹果公司带来约14亿美元的营收，推动苹果整体利润提高1.8%。

那么，苹果公司为什么要推出Apple Card呢？主要是因为iPhone销售额出现了较大幅度的下滑，苹果涉足金融，无非就是自救，或者说为企业持续输血做准备。苹果这么做并不是首创，早在21世纪初，阿里巴巴和腾讯集团就看中了金融对于自身的意义，选择了支付作为自己的金融入口。

当然，以支付作为金融入口只是第一步，支付可以衍生很多金融业务类型，比如向存款方推送理财业务，向贷款方推送消费金融业务，从而形成完善的苹果金融体系。此外，苹果公司若将数据资产与金融有机结合起来，"护城河"就筑得更牢固了，未来不可限量。

知识性资源

未来的竞争越来越多，更多是无形资产的竞争。国与国之间的竞争，已经比的不是谁的枪杆子硬了。企业之间的竞争也将逐渐转向无形资产的竞争，比如商标权、专利权、品牌等。企业拥有强大的品牌和专利，拥有众多无形的资产，就能在未来的商战竞争中处于有利地位，因此，一定要把知识资源当成重要的投入来认真对待。

2020年7月，全球最大的传播集团WPP及调研机构凯度共同发布"2020年BrandZ最具价值全球品牌100强"排行榜。在该榜单中，中国共有17个品牌上榜，数量仅次于美国，排在第二位。其中，茅台成为全球价值增速最快的品牌，同比增长58%至537.55亿美元，阿里则是国内排名最靠前品牌，价值超过1525.25亿美元。

表3-1　2020年BrandZ™最具价值全球品牌10强

2020年排名	品牌	类别	2020年品牌价值（亿美元）	品牌价值同比变化	2019年排名
1	亚马逊	零售	4158.55	32%	1
2	苹果	科技	3522.06	14%	2
3	微软	科技	3265.44	30%	4
4	谷歌	科技	3236.01	5%	3
5	Visa	支付	1868.09	5%	5
6	阿里巴巴	零售	1525.25	16%	7
7	腾讯	科技	1509.78	15%	8
8	Facebook	科技	1471.90	−7%	6
9	麦当劳	快餐	1293.21	−1%	9
10	万事达卡	支付	1081.29	18%	12

亚马逊以4158.55亿美元的价值稳居全球榜首，是榜单唯一价值超4000亿美元的品牌，品牌价值同比大幅增长32%，在最近一年里，品牌价值增长将近1000亿美元，是榜单前百强总价值增长的三分之一。亚马逊成立于1995年，开始只经营网络的书籍销售业务，如今已是全球最大的电商企业，拥有线上和线下零售、云计算等业务。2020年7月，亚马逊创始人贝佐斯的个人身家增至1716亿美元，稳坐世界首富的位置。

与品牌价值一样，专利也是重要的知识性资源。2019年6月，华为就专利问题向美国第一大运营商Verizon发难，要求后者为230项专利支付共10亿美元的专利费用，这些专利涉及核心网络设备、有线基础设施和物联网技术，而且与Verizon的多项业务有交织。

Verizon是美国第一大运营商，全美范围内有近1亿个用户。如果华为成功地向Verizon收取专利费，必然会树立起一个强硬的企业影响，影响力之大，同时也说明华为在全球范围内已经成长为一个实力雄厚的科技企业，而手中的诸多专利，更是成为驰骋商海的"护身符"。不仅是Verizon，在此之前，三星、苹果这样的超级企业，也曾为专利缴纳授权费。

人力资源、人才资源

商业模式要能够很好地运行下去，人才是不可或缺的资源。没有人才，一切想法就如同空中楼阁，因此，越来越多的企业重视人力资源。

任正非曾说过：人才才是华为的未来。华为为了培养人才，抢夺人才，不惜下血本，与西工大联手开办了鸿蒙生态班，开出百万年薪的待遇与腾讯争抢天才少年左鹏飞。华为为了招揽半导体的人才解决困境，任正非开出高薪，从上海微电子寻求人才。

为了留住人才，华为通过设置虚拟股，将股份分给员工，任正非更是多次稀释自己手中的股份，这都说明华为求才若渴。也正是因为华为舍得给人才花钱，华为才有这些年的成绩，创立了自主研发的世界前三的芯片麒麟。此外，华为在5G通信的技术上，更是领先全球，掌握着最多的5G技术专利，真正掌握了5G技术的话语权。

实物资源、金融资源、人才资源与知识性资源，称为企业最重要的核心资源，把这些核心资源都汇集到一个企业整体的发展中去，这个企业必将获得非常好的发展。同时也要考虑到客户细分、价值主张、渠道资源以及客户关系，这些与核心资源都存在着密切关系，把核心资源当成重要的工作来做，有了很好的核心资源，企业在面对未来挑战时才能底气十足。

关键业务：围绕战略定位，建立价值网络

业务系统是指企业达到战略定位所需要的业务环节、各合作方扮演的角色以及利益相关者合作方式。企业围绕战略定位所建立起来的业务系统将形成一个价值网络，明确了客户、供应商、其他合作方在通过商业模式获得价值的过程中扮演的角色。

关键业务是一个商业模式能够顺利运行下去的主要的核心的业务，任何一个商业模式离开了关键业务，都将寸步难行，难以生存。关键业务包含以下三个方面。

生产

对于生产企业来说，生产环节属于关键的一个业务，如何将生产做得高效、流畅，而且还能按照原来既定的时间和品质要求，提前或者按期交付，这对生产与整体管理的挑战都非常大。

提及生产管理，我们要了解一个概念——精益生产（Lean Production,

LP）。精益生产是对日本丰田准时化生产方式（Just In Time，JIT）的一种赞誉。精，是指少而精，不投入多余的生产要素，只在适当的时间生产必要数量的产品，少剩余，甚至不剩余；益，是指经营活动都要有益有效，具有经济效益，不做无用功。

20世纪初，美国福特汽车公司创立了第一条汽车生产流水线，大规模生产方式成为现实，生产成本大大降低，生产效率大幅度提高，汽车也不再是少数人的奢侈品，成为一种大众化的交通工具。

当然，任何一种生产方式都不能一成不变。第二次世界大战结束后，单品种大批量的生产方式就已经不再适应社会发展需要了，因为社会进入了一个市场需求多样化发展的时代，多品种、小批量的生产方式成为一种趋势。日本丰田汽车与时俱进，首创了精益生产方式，这标志着一种高质量、低消耗的全新生产方式诞生了。

丰田生产方式的核心思想是，通过生产过程的优化，技术的改进，理顺物流，禁止超量生产，避免无效劳动与浪费，有效利用资源，降低成本，提高质量，用最少的投入实现最大产出的目标。

日本企业在国际市场上的成功，引起西方企业界的强烈关注。西方企业家认为日本在生产中所采用的精益生产方式是在世界市场竞争中胜出的关键。20世纪80年代以来，西方国家都非常重视对丰田生产方式的研究，并将其应用于生产管理。

提供解决方案

这类业务指的是为个别客户的问题提供解决方案，像咨询公司、医院、银行和一些服务型的公司的关键业务就是问题解决，它们的商业模式需要知识管理和持续培训等业务。

麦肯锡是全球最具声望的企管顾问公司，这家公司很有特点，收费昂贵，而且从不打广告，却声名远播，很多MBA梦寐以求都想进入这家公司。多年来，很多世界知名企业愿意付费给麦肯锡的顾问，让他们为其出谋划策，提出解决方案。

在麦肯锡工作可不是一般人就能做到的，麦肯锡的顾问在第一天接触到客户的问题后，他们的上司就会向他们要"首日答案"，这几乎是不可能完成的任务，但在麦肯锡工作，必须具备这样的能力。麦肯锡的顾问往往能在很短的时间内，厘清事物的复杂关系，抽丝剥茧之后，进行合并汇整，加上团队的脑力激荡，最终提出解决问题的初步假设及方向。

那么，这些麦肯锡的顾问是如何做到的呢？不是他们比别人强多少，而是多年的工作经验让他们练就一种本领，即通过系统的方法及步骤，运用科学的方法和逻辑思考，导出合理的答案，这个过程就是麦肯锡七步法。

第一步：界定问题。

界定问题，就是搞清楚问题的范畴、脉络，其中包含了几个要素：有待解决的问题是什么？服务的对象是谁？谁是必须作决策或采取行动的人？决策者会以什么样的标准来评量解决方案的成败？客户必须在什么时间得到答案等。

第二步：建立问题的架构。

界定完一个复杂的问题后，接下来就是运用结构化的图表（最常用的是逻辑树形图），将之拆解成一系列清晰、全面且易于操作的子议题，或者提出以事实为基础的假设，并且要有相关的论点来支持假设。

第三步：排定优先级。

当时间和资源有限时，排定议题的优先级是十分必要的，找出对于解决问题最具影响力的因素，把全部注意力集中在此，同时去除不关键的议题，以免分散注意力。

第四步：议题分析。

确认了优先考虑的议题后，接着就要开始搜集所需要的资料，并展开分析，以佐证或驳斥所提出的议题或假设。在议题分析阶段，认清哪些分析作业是非做不可，而且可以得出最多有力证据，是非常重要的。

第五步：汇整。

再多的数据与分析都是不够的，因为麦肯锡的价值在于如何从分析中找出结论，并为客户提供最有效的建议，以及可达成目标的行动方案。相较于其他步骤，汇整是最困难也是最关键的一步。

第六步：构思故事情节。

解读和分析数据后，汇整出来的最终成果是要呈现给客户的，而从解读的数据中所综合出的故事，就是这些数据所代表的意义。因此，麦肯锡的顾问说的故事，就代表了他想让客户知道全部事实里的哪些部分，终极目标是要解决问题，提出能为客户带来最大利益的建议。

第七步：简报成果。

向客户发表建议，是麦肯锡解决问题循环回路里的最后阶段，也就是用条理分明的简报架构，让客户或重要的决策者采信，或者接纳最终的成果。

如何构建平台

在互联网时代，企业都依赖于平台或某种网络的模式，寻求更好的发展，其中关键问题是如何构建平台。构建平台需要经过大量的积累，且需要创建新的商业模式，并让消费者更好地理解。比如，阿里巴巴、京东都是以平台为载体的企业，构建平台就是他们一个管理性的业务之一。

阿里巴巴构建了以平台为核心的电商生态圈，其自身定位是电子商务服务企业，提供的服务包括平台展销服务、信用认证服务、支付担保服务、信息服务等。这些服务本身不是网络批发零售业务，但为企业网上营销提供了基础服务，生态系统包罗万象，多方共治，相互依存，同时为各类中小企业和个人创业创新提供了良好的环境。

2018年8月，京东推出京东区块链开放平台，该平台可以帮助企业客户构建、托管，通过使用他们自己的区块链应用程序，进行运营管理。

总之，每一个企业在设计自己商业模式的时候，都要根据自己的行业和模式的类型，来确定自己的关键业务到底该如何去找准，如何去提升和转化。

重要伙伴：创建供应商与合作伙伴的网络

在当前激烈的市场竞争环境下，企业要想获得更好的发展，就必须尽可能地降低生产成本，提高生产效率，如果企业以自产自销的方式进行经营，势必大大影响生产效率。因此，当前很多企业加强对外部资源的利用，通过与其他企业建立起供应商合作伙伴关系，来提高市场竞争力。

供应商合作伙伴关系的建立包括两个要素：一是选择供应商，二是必须同供应商建立起合作的关系。供应商合作伙伴关系的建立需要企业之间相互信任与分享，其关系的建立需要一个较长的时间，而且需要长期加以维护。

供应商合作伙伴关系最早诞生于日本的汽车工业，但真正发展起来是在20世纪90年代的美国及欧洲。供应商合作伙伴关系的发展标志着供应商管理进入了一个全新的阶段，即战略合作伙伴关系阶段。

供应商关系管理的主要内容就是对企业与供应商之间的关系进行建立和维护，这种全新的管理机制能够将供应双方的资源优势进行有效整合，使产品的市场得到进一步的扩大，从而实现双赢。那么，企业如何与供应商建立、保持伙伴关系呢？

建立最优化企业的供应商

供应商并非越多越好，因为与100家供应商进行业务往来要比1000家容易得多，因此企业要正确地减少供应商，同时提高供应商的质量水平。经过筛选而留下来的供应商，应该能够在各个方面有更好的关系，对于企业来说，管理这些数量较少、高质量的供应商更轻松。

苹果公司是典型的品牌输出企业，它只负责创意和设计，产品制造由供应商来完成。苹果公司的供应商遍布全球，分布在中国台湾地区、美国、韩国等地，在中国大陆主要是台资企业的生产基地，最后主要由富士康完成组装，完成手机生产的最后一步。

当然，并不是所有的供应商一直都被苹果青睐，随着技术的进步，一些跟不上节奏、不努力奋发的企业就会被苹果淘汰出局，像莱宝高科和TPK都是苹果的"弃儿"。触摸屏是包括iPhone在内的智能手机最为直观的外部器件，莱宝高科是生产触摸屏的厂商，一直深受苹果等生产智能手机的企业青睐。

2011年5月，TPK收购达宏公司，大大提高了TPK所需的产品Sensor的自给率，使得莱宝高科产能利用率不断下降。不过，TPK没有过几天好日子，就沦落到了和莱宝高科同样的田地，苹果发布的iPhone5会采用新的In-cell触控技术，这种新型触控技术将触控功能直接整合在面板中，降低了手机厚度和生产成本，苹果公司自然是求之不得，当然就不需要TPK为其提供触摸屏贴合服务了，转而直接向LG Display、夏普和日本显示器等公司采购In-cell面板。

这说明，没有竞争力的普通合作伙伴很容易被企业抛弃，苹果公司就一直在淘汰供应链中的普通合作伙伴。

建立高标准的绩效目标，对供应商进行考核

建立高标准的绩效目标，可以迫使供应商不断地进步与提高。当企业的供应商比竞争对手的供应商更优秀时，也有利于提高企业在市场上的竞争力。通常企业会使用标杆法来进行对比，促使自己的供应商超越竞争对手，提供更完善的供应商服务。

比如，摩托罗拉公司就要求供应商必须追求和它同样高标准的目

标，具体要求包括四个方面：与实现无缺陷产品质量同步发展，保持领先的产品和加工技术，准时生产、准时送货，提供具有成本竞争优势的服务。

将商业道德引入供应商评级指标

企业应该对供应商进行评级，将所有的供应商分为 ABC 等几个级别。其中最高级别为 A 级，这是对供应商综合考察的结果，其中有一项考核指标一定要重视，即商业道德，一定要看供应商所遵循的商业道德是否与自己企业的商业道德相符合，没有商业道德的公司，会给企业带来负面影响。

苹果对谷歌一直有成见，因为苹果认为谷歌的 Android 系统模仿了苹果 iOS 系统，所以，苹果后来开发了相应的功能，代替了谷歌。2012 年 9 月 12 日，苹果公司发布 iOS 6，谷歌地图正式被苹果自己的地图替代，iOS 系统中仅存的谷歌服务就只剩下谷歌搜索了，亲密合作了 5 年的关系冷淡了不少。

遵守商业道德是选择供应商很重要的一条标准，一旦供应商涉及企业的核心业务时，无论曾经多么铁的合作关系，都必将灭亡。

奖励表现优异的供应商

要想马儿跑得快，又不给马儿吃草，肯定是行不通的。企业对待供应商的态度也是如此，对表现优异的供应商给予奖励，能激发供应商的积极性。

克莱斯勒公司在这方面给我们作出了表率。克莱斯勒向供应商提供使用 SCORE 系统（供应商降低成本在线系统），鼓励供应商向公司提供改进意见，在双方的密切合作下，双方共计节约了 15 亿美元，其中，大部分是由质量改进带来的成本降低。克莱斯勒将这部分利益按照供应商的贡献进行分享。

2019 年 6 月，微软公司公布了"微软 2019 年度合作伙伴奖"的获奖者和入围者名单。该年度奖项是为了表彰那些表现突出的合作伙伴，2011 年，中软国际有限公司就曾荣获"2011 年微软首选供应商最有价值奖"。

对获奖的公司而言，该奖项不仅代表着微软总部的认可，还代表着能够与微软建立长远战略合作伙伴关系。自 2003 年以来，惠普、通用电气、东芝、日立、三星等世界一流企业均曾荣获此奖项并保持了同微软的长期深度合作。

建立供应商认证制度

供应商认证是为考核供应商而设置的，考核内容包括供应商的业务以及工作方法，通常是由功能交叉的团队执行高密度现场审计。供应商一旦经过认证，就意味着其工作过程和方法全部都在质量控制之内，从而大大减轻了企业管控供应商的工作量。

值得一提的是，企业与供应商一定要保持分寸，不然就有可能和戴尔一样肝肠寸断。众所周知，华硕最早给戴尔供应 PCB，但华硕"得寸进尺"，由供应 PCB 到做 PCBA，然后到计算机主板，再到做主机，最后设计主机。华硕一步步取代了戴尔，成为戴尔在中低端机的强劲对手。戴尔因为贪图一时的便宜，将供应商华硕培养成自己的竞争对手，对于企业而言，恐怕没有比这更悲催的事情了吧？

成本结构：商业模式诸要素引发的成本构成

成本结构是企业发生的成本中各个成本项目的数额占全部成本金额的比重，即产品（劳务或作业）成本的构成情况。一般用百分数表示。如某库存商品的成本组成为原材料30%，人工费用40%，固定资产折旧费用10%，其他费用20%等。

不同生产部门的产品，成本结构不同。比如，机械制造业的产品成本结构中，原材料费用所占比重较大；采掘业的产品成本结构中，工人工资所占比重较大。此外，生产技术水平、生产类型、生产规模等都会影响成本结构。成本结构呈现以下四个特点。

固定成本：不受产品或服务的产出业务量变动影响而能保持不变的成本，例如租金、机械设施、工人薪金等。有些企业，如制造业的公司，是以高比例固定成本为特征的。

可变成本：伴随商品或服务产出业务量而按比例变化的成本。比如，机器制造业，随着产量变大，原材料的成本就会增加。

规模经济：企业享有产量扩充所带来的成本优势。随着产量的提升，这个因素和其他因素一起，可以引发平均单位成本下降。比如，世界性连锁企业沃尔玛可以以较低的价格从供应商那里买到农产品。

范围经济：企业由于享有较大经营范围而具有的成本优势。如大型企业在同样的渠道通路可支持多种产品。

在任何商业模式中，成本都应该被最小化，因此进行成本管理是企业管理的重要环节。一方面，企业要想在日益激烈的市场竞争中谋求经济利益，取得持续性的竞争优势，除了要提升竞争优势外，加强成本管理控制，也是有效途径；另一方面，成本降低的幅度比利润增加的幅度要大，降低15%的成本，利润可能要增加20%，甚至更多。

成本构造分为成本驱动和价值驱动（有些商业模式的成本结构介于这两种极端类型之间），对两种商业模式成本结构类型进行区分，有助于更好地加强成本管理。

成本驱动

成本驱动的商业模式就是想尽一切办法降低成本，不忽略任何一个可以降低成本的细节，以创造和维持最经济的成本结构，采用低价的价值主张，最大限度地自动化和广泛外包。比如，美国的西南航空、爱尔兰瑞安航空，以及中国联航等廉价航空公司，就是以成本驱动商业模式为特征的。

企业的成本是由很多成本驱动因素导致的，如生产能力利用模式、规模经济、内外部业务流程、共享资源、业务整合与外包等。每个企业采取的降低成本的方式都不同，但都取得了异曲同工之妙。

格兰仕通过生产能力利用模式来降低成本。2001年时，格兰仕有48条生产线，而法国人有288条生产线。按理说法国人的产能肯定会高于格兰仕，其实不然，因为法国人一天工作6小时，一周工作4天，一周总共的工作时间只有24小时。而格兰仕一天三班倒，生产线24小时不停，也就是说，格兰仕一天的产量就相当于法国人一周的产量。

第一汽车集团将成本称为精益之本，全面推行精益生产方式。精益生产以消除一切不必要的工序为基础，将参与产品开发、生产、销售以及售后服务的所有人员融合成一个合作团队，该团队直接对企业和消费者负责，这样做可以大大缩短生产与市场之间的距离。

采用精益生产方式降低成本的还有戴尔公司。戴尔的做法是通过降低库存，提高价值流的速度和价值流连接的速度，尽可能地将从生产到获得现金流的时间最小化，实现成本的大幅度下降。

不同的业务运行模式，其成本也存在着差异。比如格力电器与美的采用不同的销售方式，成本就相差非常大。格力电器的销售人员很少，只有20多人，即使年销售额超过数百亿元人民币时，格力电器也没有增加销售人员数量。

美的在规模上与格力旗鼓相当，但它的空调事业部有近1000名业务员，两种销售的区别就在于业务运行模式的不同。美的主要依靠自己的销售人员跑市场，而格力电器利用的是经销商的业务员跑市场，显然，格力空调的销售成本会比美的空调的销售成本低很多。

企业内部与外部组织间资源共享也会对企业成本构成造成影响。美国汽车业三巨头（通用、福特和戴姆勒－克莱斯勒）宣布合作建立一个世界上最大的与汽车零部件相关的网上市场，这会显著降低这三家公司的生产成本。

未有网上市场之前，美国汽车业三巨头的采购模式是，汽车公司通知零部件供应商参与竞标，然后选出最佳供应商进行订货，在这种采购模式下，一辆价值2万美元的汽车，一半的成本都来自汽车零部件。现在这三家公司采用联合网络系统采购模式，每辆汽车的成本可以减少1000美元以上，可见差距之大。

有时将业务外包，交由其他组织代为完成，也能有效地改善企业成本。早些时候，福特公司生产汽车所需要的硬件都是福特公司自己生产的，因为这比从其他供应商那里购买零件要便宜很多。但是随着企业专业化程度不断提高，福特公司的弊端显现出来，一些轮胎专业生产厂家生产的轮胎要比福特好，且价格便宜；一些汽车零件厂家生产的配件比福特更好。如果福特坚持自给自足，它的汽车质量和成本就不会有竞争力，因此福特公司顺应时势采取了外购零部件的方案。

价值驱动

价值驱动是美国管理学家托马斯·彼得斯和罗伯特·沃特曼在《追求卓越——美国优秀企业的管理圣经》中提出的一种使企业经营管理达成卓越境界的方法，他们认为，"优秀企业都具有的基本属性是以明确而一贯的价值体系指导经营管理活动"。

价值驱动因素是一家公司的特征或属性，使其对消费者和潜在的公司购买者具有吸引力。根据公司结构、产品和企业在更广泛的社会中的声誉，任何一家公司的驱动力范围都会有所不同，它可能是企业持有的有形资产，也可能是无形资产。

在工业化时代，工业机械是核心技术，营销就是把生产出来的产品全部卖给有支付能力的人，以产品为中心的营销时代，无论你想要什么颜色的汽车，福特只有黑色的。

当今是信息时代，其核心技术是信息科技，消费者可以了解的信息比以前更多，对产品有了更多的选择余地，这意味着价值驱动营销时代就此开启。

2020年元旦后，车企主动秀成绩单的屈指可数，因为大家的日子都不太好过，但广汽丰田逆袭而上，除了自身基本功扎实外，广汽丰田高价值驱动增长的秘密就是把产品当作品牌卖。一切营销围绕着用户，陪用户一起玩，让用户感受到亲朋好友般的关爱，比如广汽丰田针对C-HR开展的"口红文创C区玩家"活动。

把用户的事当自己的事，把自己的产品当作品牌去做，使得广汽丰田不管市场多么低迷，都能把握增长的主动权。

下篇
操作篇

第四章　可复制的商业模式设计方法

客户洞察：注重客户意见，关注细分群体

多伦多大学罗特曼管理学院院长罗杰·马丁说过："商业人士不仅需要更好地了解设计，他们还需要把自己变成设计师。"

商业人士每天都在进行设计，设计组织、战略、商业模式、流程以及项目。为了作好设计，商业人士必须掌握大量的设计方法和工具。优秀的设计方法和工具，是商业模式创新的必要条件。在这一节，我们将讲述六种商业模式的设计方法之一——洞察客户。

企业在市场研究上往往投入大量精力，却在产品设计、服务设计和商业模式上忽视了对客户的研究。对客户进行研究并不是说我们要完全遵从客户的意愿去建立商业模式，而是要在商业模式设计和评估过程中考虑客户的因素，以客户的视角引导企业选择价值主张、渠道通路、客户关系以及收入来源。

客户洞察的两大难点

第一个难点在于如何建立对客户的彻底理解，并基于这种理解进行商业模式设计。在这方面，星巴克和小米是杰出的代表。

星巴克树立了以顾客为中心的观念，十分在意顾客的体验。前星巴克董事长兼首席执行官认为只有伙伴（星巴克称自己的员工为伙伴）和顾客才是最了解星巴克的人。2008年3月19日，星巴克推出My Starbucks Idea网站，通过互联网收集用户意见，改善服务，增强顾客的正面体验。

网站内容主要分为三大类：和产品有关的，如新产品、咖啡味道等（Product Ideas）；和体验有关的，如实体店的环境、音乐、付款方式等（Experience Ideas）；和社区有关的，如社会责任、社区互动等（Involvement Ideas）。

这种做法在当时是大胆的创新，十分具有争议性，但星巴克收到了意想不到的效果。在最初5年的时间里，My Starbucks Idea收到超过15万条建议，采纳了其中的277条，网站上登记用户的投票就超过200万票，参与度非常高。最近几年，每天都有超过70条建议被采用。所以说，企业的成长与进步不是闷头做事，一定要学会聆听客户的声音，My Starbucks Idea的推出，让星巴克的管理层更加了解员工、顾客和市场的想法与需求。

现如今有不少企业争相效仿星巴克的做法，小米就是一个很好的例子。小米是通过管理市场信息来获取客户洞察的。2010年3月3日，小米公司成立，它既是一家移动互联网公司，又是创新型科技企业，主要专注于智能硬件和电子产品研发，以及高端智能手机、互联网电视及智能家居生态链建设。

2016年，小米相继推出小米营销平台和小米智能生态营销，建立起市场信息系统的雏形。一方面，小米充分利用互联网优势，将大数据布置在营销体系的每个环节，以便第一时间洞察到用户需求；另一方面，小米提供了用户向企业通话的平台，即小米社区和MIUI论坛，这两个平台的注册用户量高达1.1亿人。借助平台，小米可以了解用户的声音，听取用户的意见。

第二个难点在于尽量避免过于聚焦在现有客户细分群体上，而应该盯着新的和未被满足的客户细分群体。

宝洁公司有一个优良传统，即寻求和明确表达顾客潜在需求，因为它被誉为在面向市场方面做得最好的美国公司之一，其中婴儿尿布的开发就是一个例子。

据说1956年，宝洁公司开发部主任维克·米尔斯在照看孙子时，深深地体会了一把洗尿布的烦恼。如何才能研发出一次性尿布，解决照顾婴儿的烦恼呢？

其实，当时美国的市场上已经有好几个牌子的一次性尿布了，但市场调研显示，多年来一次性尿布的市场占有率只有1%左右，主要是因为价格太高，消费者使用体验不好，导致一次性尿布的销量一直低迷。父母只有在旅行或者不便于正常换尿布时才会使用一次性尿布。调研结果还表明，一次性尿布的市场潜力巨大，因为当时美国和许多国家正处于第二次世界大战后婴儿出生高峰期。

于是，宝洁公司决定研发一次性尿布。产品的最初样品是在塑料裤衩里装上一块打了褶的吸水垫子，但父母们对这种一次性尿布很排斥，因为这会导致婴儿出疹子。宝洁公司只能从零开始继续设计，生产出了类似于现在的产品，这一次试用者的反应良好，但问题是如何降低成本，提高新产品质量呢？宝洁公司经过多次尝试和试销，"娇娃"的产品才得以进入市场，直至今天仍然是宝洁公司的拳头产品之一。

客户洞察的有效工具——移情图

移情图是进行客户洞察的有效工具，这个工具可以帮助我们更好地理解客户的环境、行为、关注点和愿望。这个工具可以指导我们设计出更好的商业模式、更方便的渠道通路和更合适的客户关系。这个工具还可以让我们理解客户为什么愿意付钱。

使用移情图时，首先找出你的商业模式中可能提供服务的客户细分群体，选出其中三个最有希望的候选人，按照如下六个问题的顺序进行询问和回答，把客户可能的答案用便利贴粘贴在每个区域中，如图4-1所示。

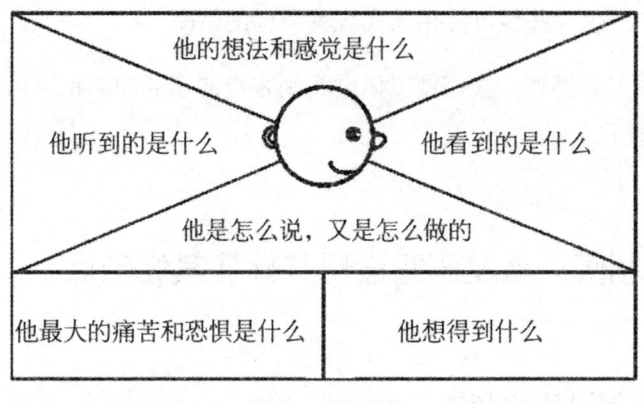

图4-1 移情图

（1）他看到的是什么？描述客户在他的环境里看到了什么？环境看起来像什么？谁是他的朋友？谁在他的周围？他每天接触什么类型的产品或服务？他遇到的问题是什么？

（2）他听到的是什么？描述客户所处环境是如何影响客户的。他的朋友说了什么？他的配偶说了什么？谁能真正影响到他？哪些媒体渠道能影响到他？

（3）真正的想法和感觉是怎样的？设法概述你的客户所想的是什么。对他来讲，什么才是最重要的？想象一下他的情感，什么能感动他？什么能让他失眠？尝试描述他的梦想和愿望。

（4）他说些什么，能做些什么？想象这位客户可能会说什么或者在公开场合可能的行为。他的态度是怎样的？他会和别人怎么讲？要特别留意客户所说的和他真正感受之间的潜在冲突。

（5）这个客户的痛苦是什么？他最大的挫折是什么？在他和他想要的事物或需要达到的目标之间有什么障碍？他会害怕承担什么风险？

（6）这个客户想得到什么？他真正想要和希望达到的是什么？他如何衡量成功？猜想一些他可能用来实现其目标的策略。

通过以上的步骤，我们便可以洞察到客户的痛点和真正需求。

原型制作：激发创意设想并标注其优缺点

我们先来设想两个场景。

场景一：近年来，某野生动物园的效益逐年下降，来野生动物园参观的人越来越少。野生动物园的员工说服领导投入 500 万元，来改造野生动物园，从而给用户更好的体验。如何才能让领导直观地感受到员工的这个建议是可行的呢？是洋洋洒洒写几万字的报告，还是进行原型制作呢？哪个效果更好？

场景二：A 是某咨询公司的创始人及 CEO。这家公司已经经营了十多年了，其业务主要是为企业提供战略和组织问题上的建议。但是 A 发现一些因素制约着企业的发展，其中最大的制约来自同行们在市场内的坏名声，越来越多的客户不满意他们按时或者基于项目收费的方式。

A 经过思考认为，客户的不满是由于过时的商业模式引起的，他想从过去按时和项目交付计算的模式入手，转变自己公司的做法，但他不是十分确信该如何做。他该怎么做呢？

要解决场景一和场景二的问题，就涉及这一节我们要讲到的商业模式设计方法之一——原型制作。每一个企业的商业模式都不是一成不变的。成立于 1987 年的华为技术有限公司，如今已经走过了 30 多个年头。多年来，华为一直在变化与创新中求生存，求发展。比如，产品策略从"以研发为中心"到"以客户为中心"的转变，市场策略从开发国内市场到开发全球市场的转变，商业模式从 B2B 向 B2C、C2C、O2O 转变等。

当企业开发创新一种全新的商业模式时，该使用怎样的设计方法呢？原型制作就是一个不错的选择。原型制作来自设计和工程领域，在这些领域中，原型制作被广泛地应用于架构设计、产品设计和交互设计。事实上，原型设计在商业模式设计中也扮演着重要角色，在商业领域，我们可以把"原型"看成未来潜在的商业模式实例。

原型制作的意义

我们不必把商业模式原型看成某个商业模式草图，相反，它只是一个思维工具，用于讨论、调查或者验证概念目标的工具。

1.原型制作让概念更形象、更具体、更直观

许多想法之所以失败，并不是这个想法糟糕透顶，而是它没有被人理解，不被理解，就提不起人们的兴趣。就如文中开头场景一，如果写一份有关野生动物园的报告，字数多达上万字，领导往往没有心思看下去，他早就被这堆文字搞得头大了，根本不会想你的想法是不是合理。如果我们建立了原型，领导的感觉就清晰明了，给了他更好的体验，他当然愿意看下去了。

2.原型制作避免了因想象导致的误解

试想一下，如果我们给领导呈现一大堆文字，领导在阅读的过程中，会有一个理解和脑补的过程。众所周知，同样一句话，不同的人可能会解读出不同的含义，更何况是上万的文字呢？可能最终领导们理解的与你所写的相差十万八千里了。原型制作就避免了这个麻烦，它可以清晰地向别人展示你要构建的内容，方便团队讨论，也不容易产生歧义和误解。

3.原型制作适合测试

原型制作的一个好处是拥有测试能力，比如，在项目的早期阶段，我们对用户的需求作多种假设，然后进行市场调查，了解用户的建议和需求，让我们及早发现问题和快速修复问题。当然，还有可能为我们节省大量资金。比如，我们正在考虑给我们的产品构建一个新的功能，经过调查

后，发现用户根本不需要。

4. 原型制作方便实验和迭代

在传统项目中，前期规划非常重要，因为一旦项目开始进行，若再改变，付出的成本就太高了。但数字项目就完全不同了，在找到完美的解决办法之前，很容易进行实验并尝试不同的方法，在通过迭代改进之前，可以快速构建想法，并进行相关测试。结合在原型上收集的前所未有的数据级别，可以快速迭代到最小可行产品。

5. 原型制作大大节省了成本

原型制作可以大大节省成本，这一点是毋庸置疑的，这种节省包括经济上的成本，也包括时间成本。

比如，原型制作可以清晰明了地呈现商业模式，不需要繁文缛节，避免了沟通上的障碍，自然就不需要花大量的时间讨论；避免了人们因为理解上的偏差造成的误会，从而为一个误会花太多的时间去争论和解释；经过不断测试和迭代，找出了最佳方案，节省了改进新功能的相关成本，同时也避免了构建不需要的功能，节省了人力、物力、财力。

最重要的是，商场如战场，瞬息万变，原型制作大大节省了时间成本，让我们抓住时机。俗话说，机不可失，失不再来，一个好的机会说不定可以让企业直上云霄。

不同程度的原型

原型可以是画在纸上的草图，可以是具体到细节的商业画布，还可以是实地测试的成型的商业模式。不同程度的原型，其用途不同。在商业模式设计中，我们可以结合实际需求设计出不同层次的原型，企业在不同的发展阶段，可以使用不同程度的原型作为辅助工具来创新商业模式。

（1）草图原型：概括并产生一个粗略的想法，然后绘制一个简单的商业画布，使用关键元素来描述这个想法。

（2）画布原型：绘制详细的商业画布，对确保这个商业模式正常运行所需的全部元素进行探讨和研究，充分考虑业务逻辑，评估市场潜力，清楚各个构造块之间的关系。

（3）电子表格原型：把详细的商业画布转换成电子表格，然后对模型的盈利潜力进行评估。需要罗列出的元素包括关键数据、计算成本和收入、评估盈利能力以及测试基于不同假设的财务场景。

（4）实测原型：为确保商业模式是可靠的，可以在实地进行测试，包括预期的和实际的客户。测试价值主张、渠道、定价机制，或者是市场中的其他元素。

商业模式创新能为公司、客户和社会创造出新的价值，掌握科学的商业模式的设计方法，可以帮助我们系统地发明、设计和实现这些全新的商业模式。

故事讲述：通过故事呈现新的商业模式及理念

美国一家出版商长期以来有很多滞销书籍，该怎么把这些书卖出去呢？有一天，他们寄给总统一本，希望能得到总统的意见。总统日理万机,哪里有时间管这些小事,就漫不经心地说:"这本书很棒!"

出版商便大张旗鼓地宣传:"现在有一些书是总统先生喜欢买的。"很快,滞销的书就全部卖出去了。不久后,出版商又有一本书滞销,他们又给了总统一本。总统不想再次被利用,就说道:"这本书太糟糕了!"出版商欣喜若狂,登广告说:"现在有总统不喜欢买的书了。"

结果,人们出于好奇买了这些书,书一下子又全部被卖掉了。当出版商第三次把书寄给总统时,总统吸取了前两次的教训,拒绝接受。出版商再次登广告说:"现在有总统难以下结论的书出售!"精明的出版社又大赚了一笔。

这个故事就是经典的商业模式案例。新颖而富有创意的商业模式往往是晦涩难懂的,没有人愿意听,也很难听下去。但是人人都喜欢听故事,讲故事能够帮助我们有效地表达新的商业模式和理念,因为这能让听众们放下心里对于新事物的恐惧或理解负担。

另外,讲故事能让听众更有代入感,更能让听众听得懂。比如,听演讲时,不管演讲的专家讲的干货多好,人都很烦躁和疲倦,但是如果专家讲一个例子,听演讲的人一下子就精神了,因为这个故事离他们很近,让他们很有兴趣,而且把难懂的理论知识通过故事讲出来,通俗易懂。

我们在讲故事之前,一定要先搞明白,商业模式的故事是讲给谁听的,一般来说,商业模式的听众主要有三大类。

公司管理层

阿里巴巴集团主要创始人马云在开会的时候,经常会讲两个故事,一个是十八罗汉的故事，一个是高考落榜的故事；新东方教育集团创始人俞敏洪也经常在公众场合讲自己高考考了三次，才上了北大，可自己成绩不好，没有女生喜欢他，还被北大开除了，连毕业证都没拿到。

这些老板讲故事，与我们讲故事不同，因为他们讲故事的目的明确，不是茶余饭后的谈资，而是为公司的商业模式服务的。要说最会讲故事的还得数比尔·盖茨。微软创始人比尔·盖茨的创业经历成为世界上各个创业者的典范，成为无数人心目中的偶像。1955年10月，比尔·盖茨出生于西雅图，父亲是一名律师，母亲是一名教师，他在家中排行老二，上有一个姐姐，下有一个妹妹。比尔·盖茨从小就是一个计算机达人，保罗·艾伦是他最好的朋友，两人经常一起玩电脑游戏。

1972年的一天，保罗拿来一本电子学的杂志，对比尔·盖茨说道："一家新成立的名叫英特尔的公司推出了一款新的微型处理器芯片，要不要去看看？"盖茨十分感兴趣，两人便购买了一块芯片，自己鼓捣出了一台机器，用于分析交通信息，乐此不疲。

1973年，盖茨被哈佛大学录取，学的是法律专业，他非常不喜欢这个专业，将全部的精力都用在研究计算机上。老师和同学都觉得他是个怪人，因为经常熬夜，盖茨经常在课堂上睡觉。

1975年，还在哈佛上学的盖茨从一本杂志上的一台计算机图片上嗅到了商机。个人电脑的诞生，需要一种微型处理器，而运作微型处理器需要一种语言指令，而这正是盖茨最擅长的事情。他打电话给罗伯茨，表示要给罗伯茨研发的微型计算机研究培基语言。

最终在盖茨和艾伦的不懈努力之下，培基程序顺利装入电脑。罗伯茨感到十分满意，便邀请二人来到自己的公司工作，但当时盖茨还在读书，到底是继续学习法律，还是从事计算机行业呢？思虑再三后，盖茨选择退学。

1975年，盖茨和艾伦合伙成立了自己的公司，盖茨将公司命名为微软，取微型计算机和软件的缩写。在后来开发的Windows操作系统正式将微软推向计算机行业的巅峰，成就了一个庞大的帝国。

投资人

如果你是一个创业者，当你有一个绝佳的商业模式，怎么拿到投资人或者投资公司的钱呢？你要通过故事让他们知道你是如何给客户创造价值的，你是如何盈利的，先引起他们的兴趣是第一位的。这一点我们要好好地向可口可乐公司学习。

可口可乐一直在讲一个传奇又永恒的故事，那就是它的神秘配方。据说可口可乐的神秘配方由四个研发人员珍藏，这四个人永远不能见面，不能相互沟通，以此保持配方的神秘性。这个故事讲了很多年，依然经久不衰。其实，这个故事就是可口可乐商业模式中的一个重要组成部分。

近百年来，总有一些化学家费尽心机试图破译可口可乐的配方，可每次都以失败告终。曾经有两位德国的科学家宣布，他们经过长期研究分析，破解了可口可乐配方的秘密。这两位科学家还在一本名叫《大众饮食误解词典》的新书里将可口可乐配方的原料罗列了出来，称可口可乐中99.5%的成分是含有二氧化碳和蔗糖的汽水，起关键因素的物质是一种香料混合剂（成分包括生姜、含羞草、野豌豆、橘树叶、不包含可卡因的古柯叶、桂树和香子兰皮等，以及可可、咖啡等的提炼物），虽然含量非常低，却能让可口可乐产生奇特的味道。

对于两位德国科学家的说法，可口可乐公司的发言人巴里斯予以否认。巴里斯说，"想要揭开配方秘密的人不少，但没有人成功。可口可乐的配方依然十分安全地锁在公司的保险柜里"。

其实，专家们都知道可口可乐中绝大部分的成分是水，关键的配料只占到了不到总量的1%，但100年来，人们一直无法破解这1%的核心物质，每每出现有关可口可乐配料被破解的消息，都为可口可乐重新披上了一层神秘面纱。

员工

作为一个优秀的领导必须有让下属相信愿景的能力。在这方面星巴克做得非常成功。

星巴克在美国的一家分店里，一位刚兼职一天的临时工被查出患上了重症。当时，星巴克总部的一位高层正好视察这家店，得知情况后，他立马到医院看望这位临时工，并要求公司财务负担这位临时工的所有医疗费用。公司的管理层极力反对，但这位高管依然坚持这个决定。

这位高管回到总部后，立刻召集管理层开会，告诉大家想让所有正式员工和兼职员工都享有公司全部医疗福利。财务主管听后暴跳如雷，因为这个决定会让公司付出高额经费，实在是代价太大。高管却说："我知道，但我更知道，这个决定所付出的代价我们能赚回超值。"

总之，在商业世界里，成功的大企业都是有故事的，这些故事经久流传，他们的商业模式也历久弥新。

情景推测：细化设计环境，描述未来场景

和原型制作、故事讲述一样，情景推测也可以把抽象的概念变成具体的模型。它的主要作用就是通过细化设计环境，帮助我们熟悉商业模式的设计流程。这种基于情景推测的商业模式设计，分为两种类型：一种描述的是不同的客户背景，另一种是新商业模式可能参与竞争的未来场景。

在进行基于情景推测的商业模式设计之前，我们要思考如何找出商业模式创新驱动因素，如何根据创新驱动因素，判断出未来发展趋势，以及如何根据情景推测进行创新商业模式的设计。在解决问题之前，我们必须要熟悉商业模式运行的环境，因为商业模式的设计与执行离不开特定的环境，因此我们必须对公司所处的商业环境有一个清晰的认识，才能让我们构建一个优秀的商业模式。

当然，商业环境不是一成不变的，我们要具备持续审视环境的能力，了解商业模式环境变化的趋势，才能让我们对商业模式作出更好的调整。商业环境的影响因素主要包括以下四个。

市场驱动因素：细分市场、需要和需求、转换成本、收益吸引力等。

行业影响因素：供应商、利益相关者、竞争对手、替代性产品和服务等。

宏观经济因素：全球市场情况、资本市场、商品和其他资源、经济基

础设施等。

重要发展趋势：社会经济趋势、监管法规趋势、技术趋势、文化趋势等。

现在，我们言归正传，回到文章开头提出的三个问题，逐一解决。

第一个问题：如何找出商业模式创新驱动因素。

在市场多变和竞争加剧的双重作用下，现有商业模式必须进行调整、优化，那些存活下来的商业模式都是市场竞争的结果。找出商业模式创新驱动因素，我们可以从三个方面入手。

首先，行业中是否有新技术出现，如果开发新技术，它的成本是多少，行业普及程度如何，这些新技术带来的预期收益是否作了评估，这些新技术会对自己的企业带来怎样的影响。

其次，找出我们的竞争对手，他们所占市场比重是多少，市场容量怎样，市场成熟度如何，市场有没有未被满足的需求，潜在的进入者是谁等。

最后，对企业进行诊断分析，找出企业中急需解决的问题，导致这个问题的因素是什么，以列表的形式清晰地整理出来。

经过以上的思考和研究，找出列表中的四个驱动因素。

第二个问题：依据创新驱动因素，如何判断企业发展趋势。

驱动因素会影响商业模式的演变，企业要想构造优秀的商业模式，需要预测企业未来发展趋势。在上个问题中，我们已经列出了驱动商业模式的四个因素，接下来，我们将每一个因素都从未来价值主张是什么、未来客户细分是什么、未来客户关系是怎样的、未来渠道通路是什么、未来收入来源是什么、未来成本结构是什么六个方面来谈论,并记录讨论的结果。最后把讨论结果用商业模式画布描绘九个要素模块(客户细分、价值主张、渠道通路、客户关系、收入来源、关键资源、关键活动、关键伙伴、成本结构),制作出四个商业模式原型。

第三个问题:根据情景推测进行创新商业模式的设计。

基于情景推测的商业模式设计,分为两种类型。

第一种描述的是不同的客户背景。客户是如何使用产品和服务的,什么类型的客户在使用它们,客户的目的、愿望、顾虑分别是什么,这种情景推测建立在客户洞察之上,但相比较之下,情景推测更具场景化、更加形象具体。

很多品牌的商品在推广时,都会通过一句耳熟能详的广告,给人们留下深刻的记忆,比如,格力的"好空调,格力造",丰田的"车到山前必有路,有路必有丰田车"。但是,Matt Groening(漫画《辛普森一家》的创作者)曾在1989年为苹果Mac打造的一系列小册子封面,至今仍帮助Mac销售了不少产品。

这个小册子的神奇之处在于它针对用户的不同情况来讲不同故事。如果你失业了,Mac会帮助你开启新的职业生涯;如果你感觉压力过大,Mac能帮助你舒缓压力,让你的生活回归有序;如果你有拖延的习惯,Mac会帮助你克服它,提高生产力……

再看其他的产品营销,往往是啰里啰唆地介绍了很多功能,炒作及自吹自擂,意在说明自己的产品比别人的产品好多少,但是作为消费者来说,他们更关心的是产品是如何影响自己的生活的。

其实，根据不同的客户背景进行的创新商业模式的设计，也与苹果Mac的营销策略有异曲同工之妙。我们要了解不同的客户在使用产品时可能出现的情况，然后对这些可能出现的情况作出推测。

在亚历山大·奥斯特瓦德和伊夫·皮尼厄所著的《商业模式新生代》中有一个关于基于卫星定位系统(GPS)的地区地图服务的情景推测。使用GPS的客户是三类人群：上门配送服务员，使用移动通信服务商提供的GPS配送服务，可以配送出更好的路线，大大节约时间；游客，基于GPS的手机电子导游服务，可以为游客量身定制旅游路线；酒农，发现了一种安装在手机上的操作简便的土壤治理软件，但是只有治理团队中所有的人都更新土壤和葡萄质量的数据库，这个软件才能发挥作用。

确定这三类人群后，我们要思考每类人群在使用产品时，可能出现的情况，即进行情景推测。以上门配送服务人员为例，我们要考虑这类人群是否愿意为此支付费用，他们可以通过哪些渠道接触到产品？这种服务是否需要其他设备或者软件，才能实现整合等。

最后我们还要推测关于商业模式的问题，比如一种商业模式能否应付三类客户细分人群，每一类客户细分群体是否需要一种单独、有针对性的价值主张？在同时服务这三类客户群时，能否在资源、业务或渠道制造上产生协同效应等。

第二种描述的是新商业模式可能参与竞争的未来场景：形象地草绘出未来的各种可能，针对不同的环境设计出最为恰当的商业模式。

第一步，基于两个或多个主要衡量指标，设计出一组未来的情景图。在商业模式研讨之前，情景应预先设计好，这有助于激发人的创造力。

第二步，以故事的形式来讲述每一幅情景图，对它们的主要特点和要素做一个概述。为每个情景加一个标题，并用简短而形象的描述性词语把主要元素加以突出。

第三步，针对每一种情景，设计出一种或多种恰当的商业模式，并进行研讨。设定研讨小组，组织参与者对不同情景下的商业模式进行探讨。

可视思考：使用视觉化工具来构建和讨论事情

有一道小学二年级的题目是这样的：有一个四位数，各个数位上的数相加是19，其中十位、百位、千位上的数相等，个位上的数比百位上的数多3，问这个四位数是多少？

一个小学生不会做这道题，找妈妈帮忙，妈妈讲了好几遍，可孩子就是一头雾水，怎么都搞不懂，气得妈妈直拍桌子。爸爸见状，赶紧过来救场，只见爸爸在草稿纸上画了四条线段，三条同样长的线段代表十位、百位、千位，最长的一条线段代表个位，并将长出其他三条线段的部分标上"3"，最后再写上四条线段的长度总和是19。孩子没等爸爸讲，就列出了算式，计算出了答案4447。

这就是可视思考的神奇之处。所谓的可视思考是指使用诸如图片、草图、图表或便利贴等视觉化工具来构建和讨论事情。不仅是孩子，我们成年人也同样喜欢可视思考，沉迷于图像。美国《娱乐周刊》杂志曾有这样一组数据：亚马逊网站上近几个月最畅销的20本图书中，有7本是成人涂色绘本。《波士顿环球报》评论称，这一现象"突如其来、出乎意料，但又让人心生好奇"，涂色绘本已然"使几百万美国人为之深深着迷"。

把相对抽象或者不具象的东西转化为可见的事物（如文字、图片、视频、具体物品等）的过程可以称为可视化。商业模式是由各种构造块及其相互关系所组成的复杂概念，不把它们描绘出来是很难真正理解一个模式的。

可视思考是非常有价值的。首先，不管是多么粗糙或者业余的草图，都有助于我们更好地描述、讨论和理解问题，特别是复杂的问题，效果会更好。其次，可视思考可以帮助我们看清楚一个商业模式的全貌，只有我们看清楚了商业模式的全貌，才能发现问题，及时调整，促进对商业模式的创新。最后，通过可视思考，可以变抽象为具体，并能有效地阐明各个元素之间的逻辑关系，变复杂为简单，让讨论者一下子就能看懂，提升了讨论的质量，减少了不必要的误解和解释。

当然，可视思考也存在着一定的优先级，字不如表，表不如图，图不如视频，视频不如实物。在《商业模式新生代》一书中介绍了可视思考的两种技术和可视思考改善的四个过程，这对于我们使用视觉化工具来构建和讨论事情大有帮助。

可视思考的两种技术

可视思考的技术有两种：一种是使用便利贴，另一种是结合商业模式画布略图描绘。

1. 使用便利贴，实现视觉化

在商业模式设计过程中，便利贴是一个非常好的工具，可随意地增加、减少、移动、删除，还可以在构造块之间随时调整。

便利贴不仅仅是一片粘纸，还能代表一个商业模式的构造块，是战略讨论的载体。使用便利贴时，要把握三个原则：一是每个便利贴上只写一个元素；二是每张便利贴上只有少许词汇描述要点；三是便利贴上的图文用粗的马克笔完成，避免图文过多，方便阅读和浏览。

2. 通过绘图实现视觉化

图画不是艺术家的专利，商业模式同样需要图画。相比于文字，人们对图画的反应更强烈。图画可以在瞬间传递信息，并且简单的图片就可以代替大量的文字表达，把事情变得具体，清晰明了，容易理解。所以，绘图比便利贴更有效。

可视思考改善的四个过程

可视思考改善包括四个过程：理解本质、促进对话、探索创意、促进交流。

1. 理解本质

（1）视觉化的语法：商业模式画布是一个具有相应语法和视觉化语言功能的概念图形，可以明确地告诉我们哪些信息应该放入画布中，应该放在哪个构造块里。

（2）把握大局：描绘商业模式画布，可以尽可能地排除细节对整体的干扰，以把握大局。商业模式画布形象地简化了企业的所有流程、结构和体系等，把一张全局图展示出来。

（3）查看关系：商业模式画布不仅清晰地描述了每个构造板块，还清晰地表达出了各个构造板块之间的依存关系。

2. 促进对话

（1）收集参考点：图像可以把大脑中隐性的假设变成明确的信息，这是一种促进对话的有效方式。商业模式画布成为一个有形而持久的事务，提供了一个可供随时返回的参考点。

（2）共同的语言：这种通用的可视化画布，为团队交流提供了共同的语言，也提高了沟通效率，还提高了团队的凝聚力。

（3）共同的理解：把商业模式视觉化是让群体达成共识的最有效方法。参与其中的各部门能快速地理解各个模块之间的关系。

3. 探索创意

（1）灵感的触发器：任何一个创意都可以是整个画布的开始，任何构造块的创意都会引发更多的创意，个人的创意可以激发团队其他成员新的创意。

（2）演示利器：这种视觉化可以帮助我们彻底思考修改某个构造块后所带来的系统性影响。

4. 促进交流

（1）建立企业范围内的共同理解：在讨论商业模式及其重要元素时，图能代替繁文缛节，且清晰明了，可谓是一图胜千言，让全体员工建立起共同的理解，是推动每个员工对商业模式创新作出贡献的基础。

（2）内部推销：可视化的画布能容易地表达组织现状、未来行动计划和未来蓝图。在组织内部，高效的沟通工具有助于消除上下级之间的信息鸿沟，以取得上下级之间的彼此信任。

（3）外部推销：可视化的画布，可以帮助企业家、销售人员把一个商业计划或产品推销出去，以获得投资方、合作伙伴或客户的认可。

根据不同的目标，商业模式画布的视觉化可以表现出不同的层次。同一个商业模式，在面向不同的受众时，可以表现出不同的视觉结果。

一张画布就是一个完整的故事，我们在讲故事时，可以事先在便利贴上绘制好所有元素，讲故事时，逐一贴上去，方便听众理解这个商业模式。

创意构思：通过使用画布，分析并生成新商业模式的创意

松下电器的创始人松下幸之助曾说过："今后的世界，并不是以武力统治，而是以创意支配。"在商界，创意就意味着成功。

服装企业最头疼的问题就是积压库存，服装卖不出去，积压在仓库里，成本就会大增，而且几乎没有哪个服装企业不存在积压库存的情况，哪怕是大品牌，这是由于服装行业传统的"以产定销"的经营模式导致的。

一名叫陈富云的创业者却改变了这种经营模式，通过"以销定产"的逆向思维来解决这一难题，他为服装业想到一个名为"数码试衣"的智能

互联化营销模式。所谓智能互联化服装营销模式，就是先在候机厅、酒店大堂、高档社区、步行街、商场、茶楼等处设若干门店，这些门店相当于数码试衣的体验馆。

消费者到了试衣店，站到智能终端机上，两秒钟后就可完成对人体4800个坐标点的精确测量。提取85个人体数据后，再在终端机数据库中，自由创意组合，选择、设计、修改服装的面料、版型、颜色、款式等，即可合成称心的个性化服装。

与传统服装店以及淘宝等网购相比，这一模式可以让消费者随心所欲地组合、修改和设计，型号也因人而异、量体裁衣。下单前，消费者选好的服装可通过宽6米、高3米的高清晰仿真视频系统，将DIY的成果、试穿的效果像照镜子一样显示出来。

消费者完成人体测量后，会形成特定编码，身体只要没啥变化，再次购买衣服时，数据可固定使用，无须在终端机二度购衣或网购时再次测量。

除了个性化，这种营销模式减少了库存积压、商场租金等费用，大大降低了成本，消费者购衣的价格肯定不会高于传统服装店，在市场竞争中占有一定的优势，由此引来一家英国风投公司的2000万英镑（约合人民币2.22亿元）先期投资。

这真是创意创造财富。那么，商业模式是否具有创意，就在很大程度上决定了你的商业模式是否成功。设计新的商业模式需要产生大量商业模式创意，然后对大量的商业模式创意进行筛选，选出最好的创意，这是一个富有创造性的过程，这个收集和筛选过程被称为创意构思。当设计可行的商业模式时，掌握创意构思的技能是非常重要的。

创意构思时，要尽量忘记过去，不要往回看，因为对未来的商业模式来讲，过去的经验参考价值极为有限。商业模式创新也不是参照竞争对手就能完成的，创新不是复制，而是要设计全新的机制，为企业创造价值。这就要求我们要敢于挑战正统观念，挑战常识，以满足那些未被满足的、新的或潜在的客户需求。

创意构思时，我们首先要判断商业模式应该从哪个集中点进行创新，在开始之前，我们要充分了解自身的知识和能力，这往往要求设计者拥有模式创新所需要的技术研发、团队管理、财务金融、市场营销和行业信息等系统知识。当然这是一个庞大的工程，需要一个团队来协同作战。此外，我们要充分了解企业的资源状况和产品研发属性，了解公司迫切需要解决的问题。

创意构思的两个阶段

创意构思分为两个主要阶段：创意生成和创意合成。前一阶段重视创意的数量；后一阶段对所有创意进行讨论，加以组合，并缩减到少量具有更高可行性的创意方案。

这种从创意生成到创意合成的过程，不一定要得到颠覆性的商业创意方案，或许只是对现有商业模式战略进行扩展和优化，从而增强企业竞争力。

生成创意的方法

生成创意的方法有很多种，在这里只介绍两种主要方法，一种是使用商业模式画布来分析商业模式创新的核心问题，另一种是使用"假设提问"的方式来生成创意。

1. 使用商业模式画布来生成创意

商业模式的创意可以来自商业画布中的任一个或多个构造块，这些来自商业画布构造块中的创意可以分为以下几大类。

资源驱动型：源于一个组织现有基础设施，抑或是合作关系的拓展，抑或是转变现有商业模式。

价值主张驱动型：以建立新的价值主张来影响其他构造块。

客户驱动型：基于客户需求、降低获取成本或提高客户便利性。

财务驱动型：由收入来源、定价机制或成本结构来驱动。

多中心驱动型：由多个构造块共同驱动的，并显著地影响着整个商业模式。

2. 使用"假设提问"来生成创意

我们往往会被现状限制了思维和想象力，使用"假设提问"可以帮助我们打破思维的束缚，"假设提问"只是个开始，这些问题将帮助我们发现能够使假设问题成立的商业模式。

创意构思的过程

创意构思的过程可以是多种形式的。以下是一种常用的创意过程。

第一步，组建团队。

组建团队是十分讲究的，不应该局限于研发部门和战略规划办公室，商业模式创新团队应该包含多样化的成员：来自不同业务部门，年龄不同，具备不同领域的专业技能，有不同层次的资历，拥有不同层次的阅历，来自不同文化背景。

第二步，全情投入。

充分了解客户或潜在客户、审议新兴技术、评估现有商业模式。

第三步，创意阶段。

针对商业模式中的每个构造块，提出尽可能多的创意，强制性的头脑风暴可以强迫团队成员持续专注于发掘新的创意，此时无须考虑创意是否具有可行性。

第四步，条件筛选。

定义条件筛选的准则，如实施时间、竞争优势、收入潜力、潜在阻力等，把创意减少到可管理的数目。

第五步，绘制商业模式画布。

将上一步中筛选出来的几个创意绘制成商业模式画布，并对每个创意进行原型讨论。

第六步，进行SWOT分析。

头脑风暴的原则

头脑风暴是激发创意的一个好方法，在进行头脑风暴时，要遵循以下原则。

（1）保持聚焦：围绕当前问题进行创意，避免跑题。

（2）执行规则：澄清头脑风暴的规则，然后强制执行这些规则，最重要的规则有"一次一议""争取数量""视觉化""鼓励疯狂创意""暂缓判决"。

（3）可视思考：把每一个创意都写在便利贴上，贴在墙上，随时移动并重新组合。

（4）提前准备：头脑风暴之前，最好先了解一些与问题相关的知识。

最后，使用商业模式画布，把这些创意所代表的商业模式原型描绘出来，并把每个创意作为一个商业模式原型讨论。

第五章　商业模式复制工具之商业模式画布

何为商业模式画布

一个销售经理给销售员出了一道题，让他们把梳子卖给和尚。

第一个销售员：很生气，和尚没有头发，怎么会买梳子呢？过了一天，他就将情况如实上报给了经理。

第二个销售员：来到寺庙，找到了和尚，对和尚说，我想卖给你一把梳子。和尚说自己用不到，拒绝了。他就哭诉道："如果卖不出去，我就要失业了，您以慈悲为怀，就发发慈悲吧。"和尚只得买了一把。

第三个销售员：来到寺庙卖梳子，和尚同样拒绝了他。他对和尚说，拜佛要心诚则灵，要心诚是不是就得心存敬意呢？和尚点点头。他又对和尚说，寺庙里有那么多香客，他们从大老远的地方赶来，风尘仆仆，蓬头垢面，如何对佛祖表示敬意呢？如果在寺庙里放一些梳子，让香客梳洗打扮一番，不就是对佛祖心存敬意了吗？和尚觉得有道理，就买了10把梳子。

第四个销售员：来到寺庙卖梳子，也被和尚拒绝了。他就对和尚说：

"如果庙里准备一些梳子作为礼物送给香客，既实惠又有意义，香火会更旺。"于是，和尚买了100把。

第五个销售员：面对和尚的拒绝，他说道："您是得道高僧，书法这么精湛，如果您在梳子上刻上'积德梳''平安梳'，然后把这些梳子送给香客，岂不是既弘扬了佛法，又弘扬了书法？"经销售员这么一解释，和尚大悦，立马决定买1000把梳子。

第六个销售员：被和尚拒绝后，他对和尚说，"梳子是善男信女的必备之物，常常被女香客随身携带，如果大师能为梳子开光，梳子就成了护身符，您这是积德行善啊！女香客不仅自己会买，还会给亲人朋友请上一把，对您来说，是一举两得，既弘扬了佛法，又扬名寺院"。和尚听后，点了点头，买了1万把，取名"积善梳""平安梳"，由大师亲自为香客开光，从此来寺庙的香客就更多了。

后来，第六个销售员没有回去找经理，而是自己单干，他发掘了一个市场，掘到了第一桶金。

通过这个小故事，让我们体会到了不同的商业思路导致的不同的商业模式。在一定程度上，好的商业模式决定了成功，但是好的商业模式不是一股脑儿就能想出来的，而是需要借助科学的工具和正确的方法，商业模式画布就是进行商业模式分析的一个工具。

商业模式画布是源于西方商业实践形成的理论总结，是亚历山大·奥斯特瓦德和伊夫·皮尼厄所著《商业模式新生代》一书中提出的，并经过不断地迭代升级，演变成了现在的样子。

商业模式画布（Business Model Canvas，BMC）是一种能够帮助团队催生创意、降低猜测、确保找对目标用户、合理解决问题的工具，是一种用来描述并可视化商业模式的重要语言，它包含客户细分（CS）、价值主张（VP）、渠道通路（CH）、客户关系（CR）、收入来源（RS）、核心资源（KR）、关键业务（KA）、重要合作（KP）、成本结构（CS）共九个模块。如图5-1所示。

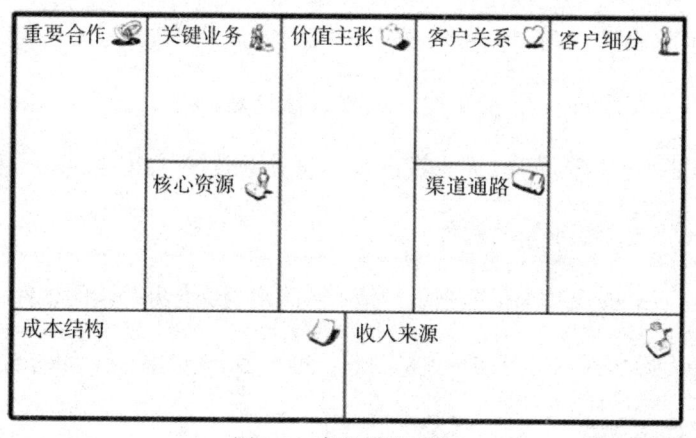

图5-1 商业模式画布

商业模式画布共有九个模块，每一个模块里面都涵盖着成千上万种的可能性和替代方案，我们所要做的就是从这成千上万的结果中，找到最佳的一个。

商业模式是复杂的，难以描述的，使用商业模式画布却能让商业模式变得可视化，可以让我们使用统一的语言讨论不同的商业领域。它可以用来描述和分析企业、组织如何创造价值、传递价值、获得价值，能够帮助企业清楚商业规则，深入了解企业全貌。不仅能够提供更多灵活多变的计划，而且更容易满足用户的需求。最重要的是，它可以将商业模式中的元素标准化，并强调元素之间的相互作用。

时代在变化，没有哪个企业的商业模式是一成不变的，商业模式要随着环境的变化进行调整，以适应时代发展的需要。及时、有效地对商业模式画布进行评估，有助于企业审视当前的商业模式，发现问题，查缺补漏，取精去糟，及时做出调整，并规划未来的商业模式，这是让企业保持长久活力的重要措施之一。

制作商业模式画布，可以使用传统的方法，比如，用一块纸板或者一张大纸，在上面标记和便笺，这种方法比较麻烦，现在有很多在线商业画布制作的工具，可以大大提高我们设计的效率，EDraw Max 和 Visual Paradigm 就是两款不错的软件。

EDraw Max 又称为亿图图示，是一款跨平台综合办公绘图软件，该软件有 260 种绘图类型，2.6 万多个矢量图形，3000 多个绘图模板。如图 5-2 所示。

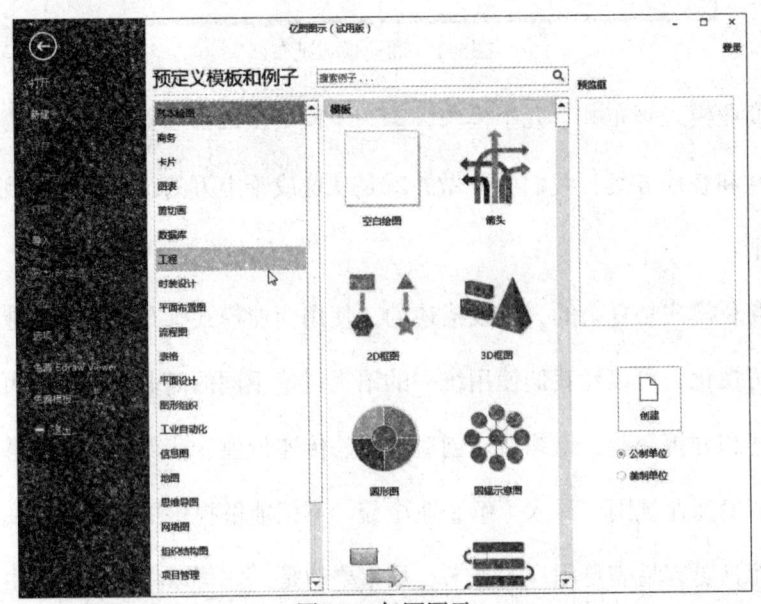

图5-2　亿图图示

EDraw Max 软件功能十分强大，软件中拥有大量的模板供用户选择使用，这些模版更能激发用户的灵感，快速进行创作；用户可以直接将 Visio 文件，或是其他的文件格式直接导入进去识别，如 Visio、Word、PPT、PDF、JPEG、Html 等，文件兼容性强大；从技术图表到有吸引力的信息图表，能够帮助用户轻松地创建 280 多种图表；使用软件时，通过直观呈现数据，能够绘制各种内容，如创新思想、知识和流程等，帮助用户获得更好的解决方案；支持其他格式的文件导出，如 Office、Visio、PDF 以及图形文件等，除此之外还能够通过在社交媒体上分享作品。

使用 Edraw Max 时非常简单，具体步骤如下。

第一步，在浏览器中查找"亿图在线"，点击进入网站。

第二步，依次点击新建平面分析—商业分析画布，打开模板。

第三步，在线对商业模式画布内容进行修改，完成绘制。

第四步，导出商业模式画布为图片或者其他格式。

通过以上四步，美观实用的商业模式画布就完成了，比手绘更简单，更容易操作。

Visual Paradigm 具有直观的商业模式画布编辑器，可帮助我们快速构建商业模式画布，还配备了丰富的专业设计模板，不仅可以实现快速启动，还可以生成既专业又美观的设计。如图 5-3 所示。

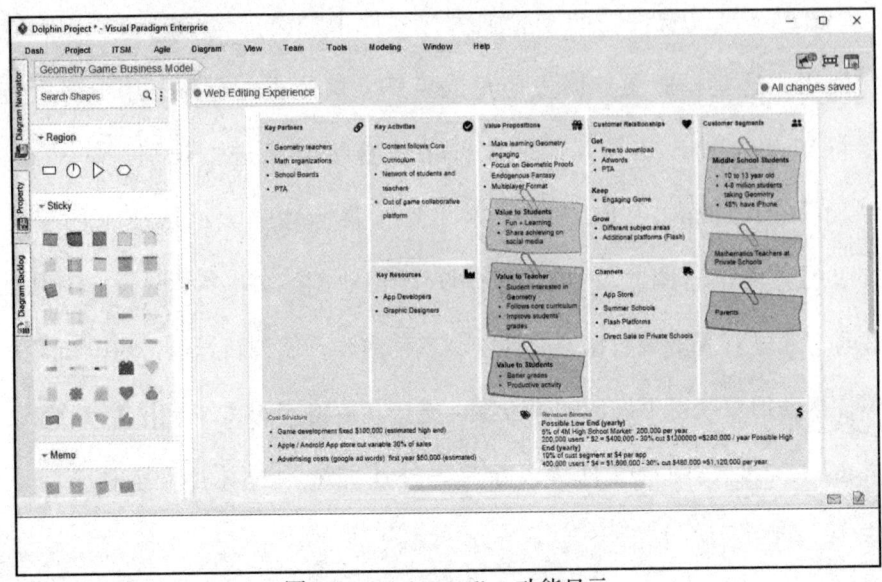

图5-3 Visual Paradigm功能显示

Visual Paradigm 的功能十分强大，可以用文字和备忘填充画布，有大量的格式和对齐选项可选择，我们可以根据需要格式化文本；使用彩色备忘可以使设计更具有吸引力，更高版本的用户还可以解锁丰富的便笺；使用超过1000个图标构建自己的画布，可以充分满足我们的业务需求；丰富的专业模板集合，可以让我们找到切合需求的模板。

商业模式画布的九个组成模块

A从事酒店住宿行业多年，经验十分丰富，凭借他多年的从业经验，他发现了一个潜在的市场机会。他发现有一群特殊的客户群体，如海归、企业高管、外籍商务人士等为代表的高端商旅人群。因为种种原因，这类人需要长期旅居在外，他们对中长期居住有需求，但传统的酒店只适合短住，不适合常住，如果能打造一种新的住宿产品，将酒店和家庭融合为一体，比酒店舒服、温馨，有品质，适合常住，性价比也更好，一定会受到高端商旅人群的欢迎。

A 觉得这是一个很棒的想法，可苦于自己没有资金，便找了一些投资人，希望能说服他们，给他投资。可投资人听他讲了半天后，无一例外地问了他这样一个问题：你的商业模式是怎样的呢？A 很无奈，他觉得自己说得很清楚了，讲了那么久，为什么他们就听不懂自己的商业模式呢？

《商业模式新生代》的作者亚历山大·奥斯特瓦德等认为，一个完整的商业模式应该包括四个视角和九个模块，四个视角是指我们能为客户/消费者提升什么，为谁提供，如何提供，成本/收益多少。九个模块是指客户细分、价值主张、渠道通路、客户关系、收入来源、核心资源、关键业务、重要合作、成本结构。

客户细分模块

客户细分是企业服务与客户群体的分类，每个企业和每个机构都会特定地服务某部分或某几部分的客户。值得一提的是，客户细分指的是我们的目标用户，简单地说，客户细分模块就是用来描绘一个企业想要接触和服务的不同人群或组织。

对于这个模块，我们需要解决的关键问题有两个：一是我们正在为谁创造价值，二是谁是我们最重要的客户。

价值主张模块

价值主张构造块描绘的是为特定客户细分创造价值的系列产品和服务，可以简单地理解为我们能够为客户带来怎样的好处。

对于这个模块，我们需要解决的关键问题有四个：

（1）我们该向客户传递什么样的价值；

（2）我们正在帮助客户解决哪一类难题；

（3）我们正在满足哪些客户需求；

（4）我们正在提供给客户细分群体哪些系列的产品和服务。

渠道通路模块

渠道通路是企业服务流程中的客户接触点。我们通过什么样的渠道和客户产生的联系，来传递我们的价值主张，是线上还是线下的或者其他渠道等。

对于这个模块，我们需要解决的关键问题有六个，具体如下：

（1）我们通过哪些渠道可以接触到客户细分群体；

（2）现在如何接触到他们；

（3）渠道如何整合；

（4）哪些渠道最有效；

（5）哪些渠道成本效益最好；

（6）如何把渠道与客户的例行程序进行整合。

在不同的阶段，渠道通路有不同的功能，依次是提升公司产品和服务在客户中的认知、帮助客户评估公司价值主张、协助客户购买特定产品和服务、向客户传递价值主张、提供售后支持。

客户关系模块

客户关系是指企业和客户建立的关系以及如何维系关系。当客户开始接触产品之后，我们要与客户建立起一种关系，从而达到与客户长期合作的目的。

该模块是描绘公司与特定客户细分群体建立的关系类型，需要解决的关键问题包括四个：

（1）我们希望与每个客户细分群体建立和保持怎样的关系；

（2）我们已经建立起哪些关系；

（3）这些关系成本是多少；

（4）如何把它们与商业模式的其余部分进行整合。

收入来源模块

企业向客户提供价值所获取的收入即收入来源。收入来源模块是用来描绘公司从每个客户群体中获取的现金收入。对于该模块，需要解决的关键问题有四个：

（1）什么样的价值能让客户愿意付费；

（2）他们现在付费购买的是什么；

（3）他们是如何支付费用的；

（4）他们更愿意如何支付费用。

核心资源模块

核心资源是指企业为了让商业模式有效运作所需要的资源，该模块是描绘让商业模式有效运转所必需的最重要因素。对于这个模块，我们需要解决的关键问题包括四个：

（1）我们的价值主张需要什么样的核心资源；

（2）我们的渠道通路需要什么样的核心资源；

（3）我们的客户关系需要什么样的核心资源；

（4）我们的收入来源需要什么样的核心资源。

关键业务模块

企业为让商业模式有效运作所需要执行的关键业务活动，简单地说就是企业如何才能盈利，是企业必须做的最重要的事情。关键业务可分为三类：制造产品——关键业务与设计、制造及发送产品有关；问题解决——咨询公司、医院等，关键业务是知识管理和持续培训；平台/网络——关键业务与平台管理、服务提供和平台推广有关。

该模块需要解决的关键问题有四个：

（1）我们的价值主张需要什么样的关键业务；

（2）我们的渠道通路需要什么样的关键业务；

（3）我们的客户关系需要什么样的关键业务；

（4）我们的收入来源需要什么样的关键业务。

重要合作模块

重要合作模块是描述让商业模式有效运作所需的供应商与合作伙伴的

网络，需要解决的关键问题包括四个：

（1）谁是我们的重要伙伴；

（2）谁是我们的重要供应商；

（3）我们正在从伙伴那里获取哪些核心资源；

（4）合作伙伴都执行哪些关键业务。

成本结构模块

成本结构是指商业模式运作所需要的成本，为了获取到利润收益，我们需要在哪些项目付出对应的成本。该模块是描绘运营一个商业模式所引发的所有成本，需要解决的关键问题包括三个方面：

（1）什么是我们商业模式中最重要的固有成本；

（2）哪些核心资源花费最多；

（3）哪些关键业务花费最多。

以上九大模块之间，并不是毫无关系、独立存在的，而是存在着一定的逻辑关系。

商业模式画布的使用顺序

商业模式画布是我们在分析商业模式时需要使用到的一种工具，就像我们写文字需要使用 Word，制作表格需要使用 Excel 一样，虽然没有这种工具，我们也可以通过其他方式来实现，但这种工具给我们提供简便、科学的方法，大大提高了我们的工作效率。商业模式画布就是目前在世界范围内使用最广泛的商业模式分析工具。

商业模式画布由九大模块组成，分别是客户细分、价值主张、渠道通路、客户关系、收入来源、核心资源、关键业务、重要合作、成本结构。如果从字面上不好理解，我们可以把它换成通俗的语言，来理解九大模块分别要解决的是什么问题。如表5-1所示。

表5-1 商业模式画布九大模块

重要合作（KP）	关键业务（KA）	价值主张（VP）	客户关系（CR）	客户细分（CS）
谁可以帮我	我要做什么	我怎样帮助他人	怎样和对方打交道	我能帮助谁
	核心资源（KR）		渠道通路（CH）	
	我是谁，我拥有什么		怎样宣传自己和交付服务	
成本结构（CS）		收入来源（RS）		
我要付出什么		我能得到什么		

客户细分——我能帮助谁。

价值主张——我怎样帮助他人。

渠道通路——怎样宣传自己和交付服务。

客户关系——怎样和对方打交道。

收入来源——我能得到什么。

核心资源——我是谁，我拥有什么。

关键业务——我要做什么。

重要合作——谁可以帮我。

成本结构——我要付出什么。

商业模式画布九大模块的关系

由此我们可以看出，商业模式画布中的九大模块之间存在着很强的逻辑关系。简单地来说，可以分成两部分，一部分是收入来源，与收入来源相关的有四个模块，分别是客户细分、价值主张、渠道通路、客户关系，显然这四个模块之间也存在着一定的逻辑关系，我们可以用如图5-4来表示。

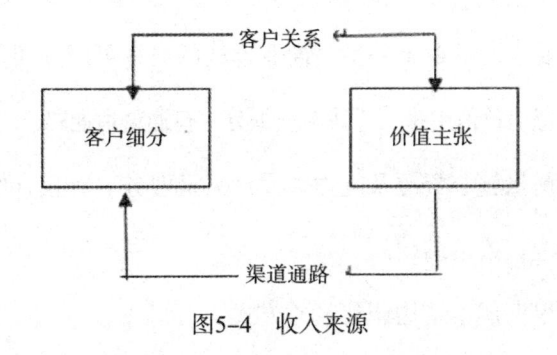

图5-4　收入来源

另一部分是成本结构，与成本结构相关的模块有三个，分别是关键业务、核心资源、重要合作，三者是并列关系。如图5-5所示。

图5-5　成本结构

一个有效的商业模式不是九个要素的简单罗列，要素之间存在着有机联系，我们可以用商业模式画布这一工具来描述，如图5-6所示。

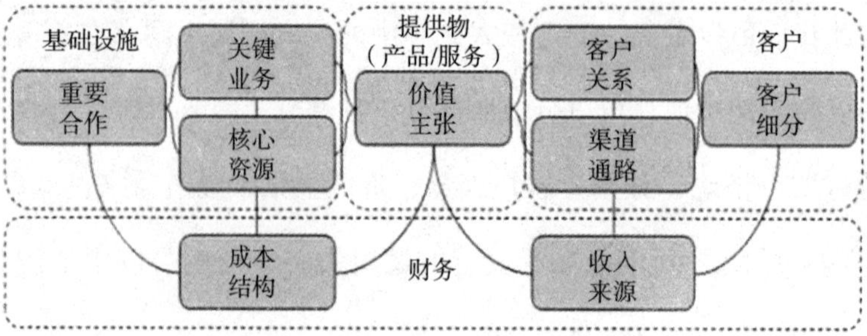

图5-6　商业模式九要素之间的联系

根据九大要素间的逻辑关系，商业模式的设计可以分四步进行。

第一步，提出价值主张、寻找客户细分、打通渠道通路、建立客户关系。

第二步，衡量核心资源及能力、设计关键业务、寻找合作伙伴。

第三步，确定成本结构。

第四步，根据成本结构调整收益方式。

从以上信息中，我们不难看出，客户关系决定了渠道通路和价值主张，核心能力和成本则是关键业务确定后的结果，因此在商业模式画布的九大因素中，客户关系、核心资源、成本结构这三个要素是难以创新的。

填写商业模式画布的顺序

通过以上的讲解，我们知道商业模式画布的九大模块之间存在着较强的逻辑关系，因为我们不能随便填写，而是应该按照一定的顺序来进行。

第一步，了解和搞清楚我们的目标客户群是谁（客户细分）。

第二步，确定他们的需求，即价值定位（价值主张）。

第三步，思考我们如何接触到用户（渠道通路）。

第四步，我们制作怎样的业务（关键业务）。

第五步，怎么使产品盈利，我们的收益流、利润流是什么（收入来源）。

第六步，我们凭借什么筹码实现盈利（核心资源）。

第七步，投入产出比是怎样的，我们的定价是什么？确定我们的成本和收益（成本结构）。

第八步，能够向我们提供帮助的人是谁？或者我们想获得谁的帮助，或者我们想跟谁一起来完成这项事业，他就是我们的合伙人（重要合作）。

第九步，我们与客户建立起怎样的关系（客户关系）。

商业模式画布之所以深受人们的欢迎，主要是因为它用一张图就能够准确地表达商业之间的关系。我们可以把商业模式画布分成三大部分，具体如下。

一是交易模式，产品和客户之间通过怎样的的客户关系、渠道来进行交易，构成了一个关于交易的基本模式。

二是配称模式，这是所有商业模式当中最核心的一环，再细分的话，可以分成关键业务、重要合作，以及核心资源等，这样就构成了交易配称的模式。

三是关于它的收入来源和成本结构等。

以上三部分共同构成了商业模式，商业模式画布就是把一个非常复杂的商业的模型模式，能够非常清晰地用一张图，分为九个元素进行表达。这就是商业模式画布的可贵之处——非常简洁、非常优雅地表达了各种各样的关系。

值得一提的是，商业模式画布不只有一种样式，在标准的商业画布基础上，很多人对它进行了拓展，诞生出了很多其他形式的商业画布的模板，更适用于不同行业、不同规模、不同阶段企业。

商业模式画布的思考要点

商业模式画布，它不像商业计划书那么全面，但它更易懂，更直观，更易于传播，因此深受人们的喜爱。不过在使用商业模式画布时，我们要注意思考以下三个问题。

第一个问题：商业模式画布的用途是否唯一

作为商业模式的辅助梳理工具，商业模式画布是一种可视化语言，是用来描述、评估，甚至改变商业模式的一种通用语言。那么，商业模式画布只能在设计新的商业模式中可以用到吗？它的用途是唯一的吗？

不是的，商业模式画布不是使用一次或者两次的工具，它可以成为产品或者运营日常生活的一部分，比如以下三个方面的用途。

了解客户：我们可以尝试通过创建业务模型来了解客户、理解客户，为销售会议做准备。

总结会议：我们可以在会议中使用商业模式画布作为头脑风暴的工具。

入职培训：对新员工进行培训的时候，尤其是管理层，使用商业模式画布可以让他们清楚地了解自己所处的位置，清楚业务模式是怎样的。

第二个问题：商业模式画布是否完美无缺

任何一个新事物的诞生，都与其特定环境有关，商业模式画布的诞生亦如此。2011年，《商业模式新生代》一书出版，该书提出了商业模式画布这一概念，代表商业模式画布正式传入中国。此时中国的商业实践是怎样的情况呢？

2000年至2010年之前，处于互联网前期，互联网只是产业之一，并没有对其他产业发展产生变革性的影响。商业模式画布传入中国的时间是2011年，此时中国进入互联网成熟期，小米通过粉丝经济取得手机的成功，让我们感受到了互联网的威力，它对其他产业具有颠覆性的意义。

2013年，中国移动互联网在线人数超过了传统互联网在线人数，2015年拼多多诞生，它的成功起源于移动互联网。当下我们正处在移动互联网的后半场，5G时代的前夕。

从商业模式画布进入中国的时间来看，准确地说，商业模式画布理论的总结是互联网之前的产物，也就是说，商业模式画布是亚历山大·奥斯特瓦德在互联网发展的前提下总结出来的，是基于当时的商业环境做出的思考。

因此，商业模式画布仅适用于互联网大规模发展前，单个工厂生产一定产品，工厂通过产品销售获利的模式，适合于21世纪前十年中国商业主要以渠道为王的时代，其理论是非常正确的。但是，现在中国的商业模式已经发生了变化，从之前的线下交易转变成了线上交易，那么，原来的商业模式画布就已经不能完全解释中国的商业现象。

此时，我们在用商业模式画布的时候，一定要把它界定在原有的、互联网不是主流的、以线下交易为主的场景当中进行分析。这就提醒我们任何商业模式都不是一成不变的，伴随新技术的出现以及市场规模的变化，企业更要不断调整自己的商业模式，才能适应时代的发展。

第三个问题：商业模式画布如何进行评估

商业模式画布由九个模块构成，通过分析这九个模块，企业可以搭建自己的商业模式画布，但时代在变化，企业的商业模式也要随之发生变化，以适应时代发展，及时、有效地对商业模式画布进行评估，可以让企业及早发现当下商业模式的弊端，做好未来商业模式的规划，从而让企业保持长久的活力。那么，如何对商业模式画布进行评估呢？

1. 确立评估维度

价值主张、运营模式、界面模式和盈利模式，是商业模式画布评估的四个维度。

价值主张：包括客户细分、价值主张、客户关系三大模块。价值主张既包含了企业的战略方向，又包含了企业的目标客户群体及满足目标群体所提供的价值内容和客户参与价值内容分享的方式。

运营模式：包括关键业务、核心资源两大模块。企业的产品和服务是企业价值创造的载体，通过优化流程、提高效率来减少成本。

界面模式：包含重要合作和渠道通路两个模块。通过渠道通路模块，企业可以将自身的产品和服务传递给客户，客户也可将信息回馈给企业。企业的合作伙伴则有助于促成产品和服务的产生，是企业外部的重要资源。

盈利模式：包括成本结构和收入来源两个模块，企业可以通过"开源节流"来实现商业模式的高效运作。

2. 结合 SWOT 工具进行分析

清楚了商业模式画布的四个评估维度后，就可以结合 SWOT 分析工具，对每个维度内容进行评估，评估方法分为总体评估和要素评估两种。

（1）总体评估

总体评估是指小组成员通过创意讨论、头脑风暴等方法对企业的商业模式画布进行总体性的评估，这种评估方法内容较为概括，如图 5-7 所示。

SWOT分析	价值主张	运营模式	界面模式	盈利模式
优势				
劣势				
机会				
威胁				

图5-7　对商业模式画布进行总体评估

（2）要素评估

由于总体性评估不够细致，我们可以将价值主张、运营模式、界面模式和盈利模式下的商业模式画布构造块的内容，细化为便于表述和分析的条目，然后对每一条目提出 SWOT 的四个问题，形成商业模式要素评估表，相比较之下，要素评估更为细致。

以"运营模式"为例，我们可以制作如下表格，因每个产品都有自己的特性，因此没有提出具体的问题，以下表格只是一个模板，问题多少可以根据产品的情况来列条目。

表5-2 运营模式优劣势评估

优势	劣势
问题1……	问题1……
1 2 3 4 5	1 2 3 4 5
问题2……	问题2……
1 2 3 4 5	1 2 3 4 5
问题3……	问题3……
1 2 3 4 5	1 2 3 4 5

表5-3 运营模式威胁评估

运营模式威胁评估	
问题1……	1 2 3 4 5
问题2……	1 2 3 4 5
问题3……	1 2 3 4 5
问题4……	1 2 3 4 5

表5-4 运营模式机会评估

运营模式机会评估	
问题1……	1 2 3 4 5
问题2……	1 2 3 4 5
问题3……	1 2 3 4 5
问题4……	1 2 3 4 5

使用要素评估表进行评估时，需要结合我们的产品特性，对每一条目进行评分。评分之后，得出产品所具有的优势、劣势、威胁和潜在机会。最后根据评估结果对商业模式画布进行调整。

商业模式画布的应用案例

经过以上的讲解，我们已经对商业模式画布的九大模块有了一个清晰的认识，现在我们通过三个案例，来梳理一下商业模式的整个脉络，进一步了解商业模式画布的使用。

案例一：百度搜索

百度搜索是全球最大的面向中文互联网管理者、移动开发者、创业者的搜索流量管理的官方平台。下面我们用商业模式画布来分析百度搜索的商业模式。

1. 百度搜索用户的细分：网民、广告主

使用百度搜索的大部分用户是网民，另外一些是广告主，这是百度搜索最大的两个目标用户。

2. 价值主张：免费搜索、投广告、收费内容

确定了百度搜索的用户，接下来就要思考百度搜索能为这些目标用户提供哪些价值，对网民而言，免费搜索是提供给他们的主要价值；对广告主来说，自然是投放广告了。此外，还有一些用户的需求是有价值的或者收费的内容。

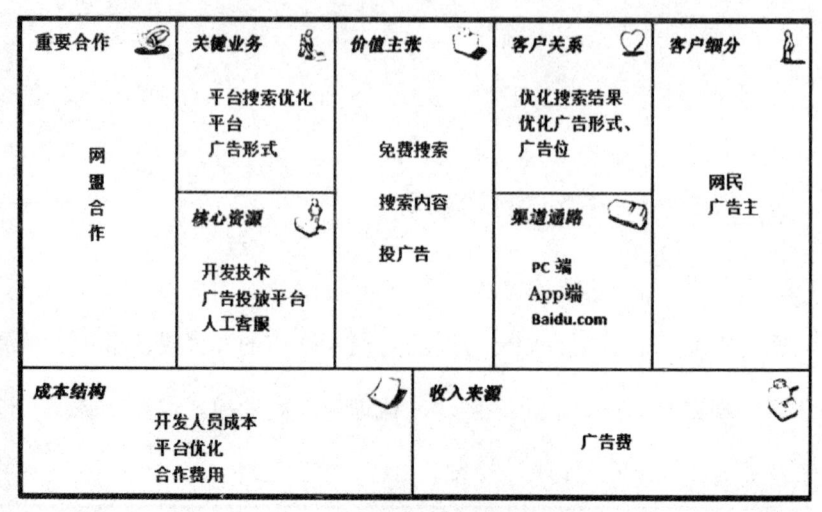

重要合作	关键业务	价值主张	客户关系	客户细分
网盟合作	平台搜索优化 平台 广告形式	免费搜索 搜索内容 投广告	优化搜索结果 优化广告形式、 广告位	网民 广告主
	核心资源 开发技术 广告投放平台 人工客服		渠道通路 PC 端 App 端 Baidu.com	
成本结构 开发人员成本 平台优化 合作费用			收入来源 广告费	

图5-8 百度搜索商业模式画布范例

3. 渠道通路：个人电脑（PC端）、App(移动端)、域名（baidu.com）

网民、广告主是百度搜索的目标人群，他们可以通过哪些渠道接触到百度搜索，来为他们提供的价值主张呢？他们可以通过个人电脑、移动端去访问百度的域名进行搜索，广告业也可以投放在域名上，网民通过域名搜索出广告或有价值的内容。

4. 客户关系：优化搜索结果、优化广告形式和广告位

当用户用百度搜索结果越来越好时，就会坚持用下去，同时也会有越来越多的广告形式和广告位。

5. 收入来源：广告费

百度搜索的收入来源主要来自广告主投放广告交纳的广告费。百度搜索搭建了一个平台，一边是网民，一边是广告主，对网民免费，就会吸引更多的网民来使用百度搜索，有越来越多的网民来使用百度搜索，广告主就越愿意来百度搜索上投放广告，因为这样可以使他们投放的广告得到更

好的展示。除此之外，百度平台上还有一些收费项目，比如百度文库、百度音乐等，这也是平台上的另外一个收入来源。

6. 核心资源：开发人员、广告投放平台、客服等

百度搜索平台如何实现价值主张呢？首先，我们要明确百度搜索的核心资源是什么，当然是平台开发的技术人员，他们能确保百度搜索越来越好用，能够满足网民的需求。对广告主而言，他们需要一个广告投放平台，同时还应有相应的客服、销售等人员服务于广告主。

7. 关键业务：开发搜索优化，增加广告形式

我们要思考基于这些核心资源引发的关键业务，即具体要做什么，资源应该投放在哪些方面呢？最重要的当然是不断优化百度搜索平台，这是首要的。此外是面向广告主不断增加的广告形式，做位置，提高体验感。

8. 重要伙伴：网盟合作

"百度搜索"搜索出来的结果可能并不能完全满足用户的搜索需求，数量上达不到用户的预期，他们希望投放更多的广告，覆盖更多的网民，还需要去寻找合作伙伴，这就产生了网盟合作。在他们的网站上投放广告主的广告，满足广告主的需求。

9. 成本结构：开发人员，平台优化，合作费用

关键业务、核心资源、重要伙伴等会涉及成本结构，首先平台开发肯定会有开发人员的成本，不断优化平台，持续作技术与性能方面的优化，都需要花费一定的成本。除此之外，百度联合了更多的网站主去投放广告主的广告，也会将一部分收益分给他们。

在成本结构与收入来源之间计算出 ROI，即投入产出比，以此来衡量

这种商业模式是否合理，在关键业务这块要计算出核心 KPI，以此来衡量我们所做的事情是好还是不好。

案例二：京东

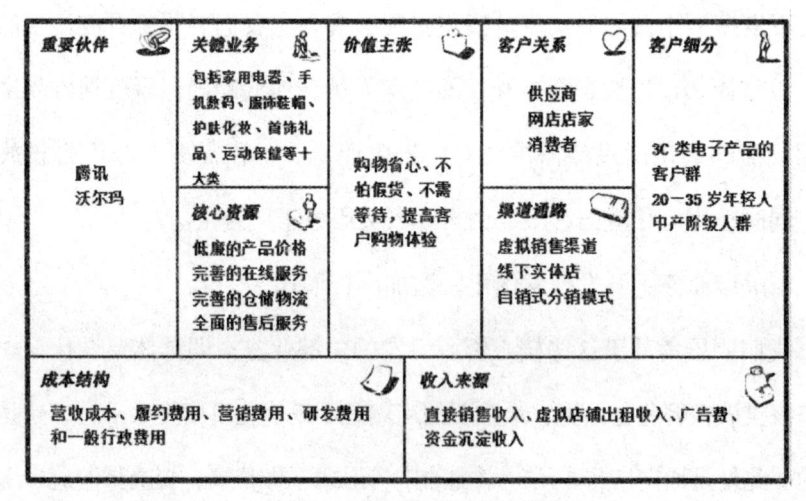

重要伙伴	关键业务	价值主张	客户关系	客户细分
腾讯 沃尔玛	包括家用电器、手机数码、服饰鞋帽、护肤化妆、首饰礼品、运动保健等十大类	购物省心、不怕假货、不需等待，提高客户购物体验	供应商 网店店家 消费者	3C 类电子产品的客户群 20—35 岁年轻人 中产阶级人群
	核心资源		渠道通路	
	低廉的产品价格 完善的在线服务 完善的仓储物流 全面的售后服务		虚拟销售渠道 线下实体店 自销式分销模式	
成本结构			收入来源	
营收成本、履约费用、营销费用、研发费用和一般行政费用			直接销售收入、虚拟店铺出租收入、广告费、资金沉淀收入	

图5-9　商业模式画布范例

1. 客户细分

从年龄段上分析，京东的客户群主要为 20—35 岁的年轻人；从需求上分析，京东的主要客户为 3C 类电子产品的客户；从阶层上来说，中产阶级占比大。

2. 价值主张

京东商城奉行客户为先的价值观，以购物省心、不怕假货、不需等待、没有售后推脱责任等购物体验，努力成为消费者最值得信赖的企业。

3. 渠道通路

京东商城的渠道通路主要有三个。

（1）虚拟销售渠道：提供线上网购平台，销售多元化产品与服务。京东商城已成为中国最大的3C类产品零售商和中国最大的B2C自营电商平台。

（2）线下实体店：京东商场已经涉足线下实体店、无人店和生鲜超市。线下实体店所售卖的货物全部来自京东商城，并由京东物流全程监管送货。

（3）自销式分销模式：面对经销商店面，依托强大的物流配送体系，打通电商与全国的零售终端，以电商平台直接对接全国1800多个区县的所有零售商，提供全品类产品的经销与配送。

4. 客户关系

（1）供应商：由于B2C模式的特殊性以及多元化的商品品类，京东商城自身拥有大量的供应商合作伙伴。供应商可以选择与公司合作，将商品上架于京东商城的自营平台，由商城卖家协助销售；也可以选择自己开网店入驻商城，自行销售。

（2）消费者：京东商城为客户提供优质低价的产品，打造"多、快、好、省"的综合购物平台。同时，京东商城承担配送环节的保险费用。

（3）网店店家：京东商城由最初的传统B2C商业模式转向B2C+C2C模式。京东商城除了一部分购物平台自营外，将另一部分平台租给其他零售店家，收取平台租金。

5. 收入来源

（1）直接销售收入：京东商城销售的大部分产品价格比线下零售店以及其他电商企业便宜10%甚至更多，毛利率维持在10%左右。

（2）虚拟店铺出租费：除了京东商城自营平台外，开放平台中包括服饰鞋靴、运动户外、家居家装汽车用品等24类向个人卖家出租，收取平台使用费、技术服务费以及保证金。

（3）广告费：京东商城通过过去品牌用户和流量的累积，站内广告位的价值不断攀升，开始向商家收取一定的广告费用。

（4）资金沉淀收入：利用收到消费者货款和支付供应商的时间差，将产生的资金沉淀后进行再投资，从而获得其他收入。

6. 核心资源

（1）低廉的产品价格：京东商城直接与供应商合作，致使产品价格低，通常会比其他电商企业要便宜10%，甚至更多。

（2）完美的在线服务：京东商城推出"价格保护""延保服务"等在线服务，最大限度地消除消费者购物时的顾虑，提升消费者的购物体验。

（3）完美的仓储物流：京东商城先后在华北、华东、华南、西南建立了四大物流中心，配送范围覆盖全国98%的地区。

（4）全面的售后服务：京东商城不断完善特色售后服务，如家电以旧换新、积分兑换、上门服务等充分满足消费者的不同需求。

7. 关键业务

京东商城网络平台销售商品包括家用电器、手机数码、服饰鞋帽、护肤化妆、首饰礼品、运动保健等十大类超过10万种产品，是中国最大的3C产品零售商、中国线上、线下最大的家电零售商。

8. 重要伙伴

（1）腾讯：2015年10月，京东集团与腾讯集团推出合作项目——京腾计划，共同打造"品商"的创新模式生意平台。

（2）沃尔玛：2016年6月，京东与沃尔玛达成战略合作，沃尔玛旗下

1号店并入京东。

9. 成本结构

（1）营收成本：自营产品的进价成本。

（2）履约费用：履约成本包括仓储和物流配送，即物流成本。

（3）营销费用：营销费用可以分为两部分，分别为广告费用以及其他营销相关费用。

（4）研发费用和一般行政费用：为保持公司正常运营所需要的成本费用，包括技术与内容成本和总务与行政开支两部分。